ein Ullstein Buch

W0191895

*Für Dana, Janina, Theresa und Werner*

Joseph Vilsmaier

# *Rama dama*

Eine Dokumentation über den Film

Regisseur, Teammitglieder
und Zeitzeugen erzählen

ein Ullstein Buch

ein Ullstein Buch
Nr. 22563
im Verlag Ullstein GmbH,
Frankfurt/M. – Berlin

Originalausgabe

Mit 144 überwiegend farbigen
Abbildungen

Umschlagentwurf: Elżbieta Woźniewska-
Krüger unter Verwendung eines
Filmfotos
Textbearbeitung und Redaktion: Hans
Wiese, Literatur-Agentur Axel Poldner,
München
Lektorat: Literatur-Agentur Axel
Poldner, München
Fotos: Peter von Haller; Auto +
Technik-Museum, Sinsheim; zwei Ab-
bildungen wurden dem Buch von Inge
Gruber *München zwischen Dunkel und
Hell* mit freundlicher Genehmigung der
Rechteinhaber entnommen.
Alle Rechte vorbehalten
© 1991 by Verlag Ullstein GmbH,
Frankfurt/M. – Berlin
Printed in Germany 1991
Gesamtherstellung: Presse-Druck
Augsburg
ISBN 3 548 22563 2

Januar 1991

Vom selben Autor
in der Reihe der Ullstein Bücher:

Die Verfilmung des Lebens
der Anna Wimschneider (20473)

CIP-Titelaufnahme der
Deutschen Bibliothek

**Rama dama :** eine Dokumentation über
den Film ; Regisseur, Teammitglieder
und Zeitzeugen erzählen / Joseph Vilsmaier. – Orig.-Ausg. – Frankfurt/M ;
Berlin : Ullstein, 1991
    (Ullstein-Buch ; Nr. 22563)
    ISBN 3-548-22563-2
NE: Vilsmaier, Joseph; GT

# Inhalt

Mitarbeiter berichten

Zeitzeugen erzählen

Der Film

»**Rama dama**« – hier ein Szenenfoto mit Dana Vavrova und
Werner Stocker – erzählt eine ungewöhnliche Episode aus dem
Leben der Kati Zeiler und des Rußland-Heimkehrers Hans Stadler. Ihre Liebesgeschichte ist zugleich die Liebeserklärung dieses Films an alle Frauen, die in Deutschlands schwerster Zeit
selbstverständlich und unpathetisch kaum vorstellbare Belastungen ertragen und ebenso selbstlos für ihre Angehörigen gelebt
und gearbeitet haben.

# Zum Film – und zu diesem Buch

»Rama dama« ist in Bayern ein geläufiger Begriff, seit der legendäre Münchner Nachkriegs-Oberbürgermeister Thomas Wimmer mit diesen beiden Wörtern die Bevölkerung immer wieder dazu ermunterte, aufzuräumen, anzupacken, »in die Hände zu spucken«. Rama dama – »räumen tun wir«, würde man sinngemäß wohl auf Hochdeutsch sagen, aber das klingt natürlich längst nicht so kernig wie der damalige Aufruf des Wimmer Thomas an seine Leute: »Rama dama!«

Im Mittelpunkt unseres gleichnamigen Films stehen Menschen, die in München Trümmer, Schutt und Asche des Zweiten Weltkriegs aufgeräumt haben – nicht nur körperlich, auch seelisch. Statt München hätte es auch jede andere Stadt sein können. Physische und psychische Trümmer vereinten in den vierziger Jahren alle Deutschen ohne Unterschied; mit ihren Auswirkungen hatten Frauen und Männer überall zu tun – vor allem die Frauen, wenn sie Monate und Jahre, allein und auf sich selbst gestellt, hofften und warteten, daß ihre Männer aus der Gefangenschaft heimkehrten.

Die Kati Zeiler in unserem Film ist solch eine Frau, mit zwei kleinen Kindern – eine von Millionen.

In meinem Buch über die Verfilmung des Lebens der Anna Wimschneider (»Herbstmilch«) haben meine Mitarbeiter und ich über Idee, Recherchen, Verhandlungen, Auseinandersetzungen, Überraschungen, Widerstände und Konflikte bei den Dreharbeiten und Vorbereitungen berichtet. Diesen realistischen Blick hinter die Kulissen einer Filmproduktion wollen wir – in Text und Bild – auch in diesem Buch erneut wieder vermitteln, erweitert allerdings durch einen, wie ich meine, wesentlichen Aspekt: Zeitzeugen des Zusammenbruchs und des Wiederaufbaus nach 1945 kommen mit den Erinnerungen an ihre Erlebnisse in den letzten Kriegs- und ersten Nachkriegsjahren zu Wort; ihre Schilderungen ergänzen und bestätigen die in unserem Film dargestellten Schicksale in oft frappanter und beeindruckender Weise.

# Die Idee – eine »Geburt« über Jahrzehnte

Weshalb, wurde ich oft gefragt, machst du nach »Herbstmilch« wieder einen Film zu einem Stoff aus der jüngeren deutschen Vergangenheit? Warum also jetzt »Rama dama«, das Schicksal der Kati Zeiler, einer jungen Frau mit zwei Kindern am Ende des Zweiten Weltkrieges?

Meine Antwort muß sehr persönlich ausfallen. Und Zufälle – wie bei meiner Begegnung mit Anna Wimschneider und ihren Lebenserinnerungen – spielten diesmal überhaupt keine Rolle.

1944/45 war ich fünf, sechs Jahre alt. Ich wohnte bei meiner Tante in München und mußte nachts immer angezogen am Tisch schlafen, um bei Luftangriffen mit anderen schneller in den Bunker laufen zu können. Auf dem Tisch standen – als »eiserne Ration« – ein Pfund Mehl und ein Pfund Zucker. Wenn im Radio der »Kuckuck rief« – das Zeichen für Bombenalarm –, rannten wir mit Mehl, Zucker und unseren nötigsten Habseligkeiten los in einen Hochbunker in der Hoffmannstraße. Wir mußten den Greinerberg hochkeuchen, ein paar hundert Stufen, für alte Leute sehr mühevoll. Vor dem Bunker herrschte ungeheurer Andrang. Hauptsächlich Frauen mit Kindern durften rein. Da ich noch sehr klein war, bekamen wir immer einen Platz, andere aber mußten draußen bleiben. Was das bedeutete, sah ich, wenn wir nach dem Fliegerangriff aus dem Bunker kamen: Tote, Verwundete, ausgebrannte Häuser. Das war viel für einen sechsjährigen Jungen, zuviel, um es je wieder ganz loszuwerden.

Zumal noch mehr hinzukam. Im Winter 1944 ein Tieffliegerangriff in Niederbayern (dort war ich damals auch öfter). Wir waren zwei Buben und sind Schlitten gefahren. Der Tieffflieger hat uns gejagt. Wir konnten uns gerade noch in einen Wald retten. Oder wenig später – vor dem Einmarsch der Amerikaner – die Plünderung von Lagerhäusern, in denen die SS Waren in Hülle und Fülle gehortet hatte. Und dann die Rückkehr der Kriegsgefangenen kurz nach dem Krieg, die ersten Heimkehrerzüge auf dem Münchner Hauptbahnhof. Erschütternde, unbeschreibliche Szenen, die sich mir als Kind tief einprägten.

Instinktiv bekam ich als Junge damals schon mit, was Frauen in dieser Zeit leisteten. Ich war ja von Frauen umgeben, meine Mutter, Tanten, Cousinen, deren Männer aus Krieg oder Gefangenschaft noch nicht zurück oder gefallen waren. Meine Mutter war eine der sogenannten Trümmerfrauen (schreckliches Wort). Sie klopfte mit Tausenden anderen Frauen Steine aus verschütteten oder zerstörten Häusern zurecht, die für den Wiederaufbau verwendet wurden. Dafür bekam sie 29 Mark im Monat!

Können wir uns das alles heute noch vorstellen? Die Älteren unter uns sicherlich. Aber wer denkt schon noch daran, wenn er aus dem Fenster schaut auf unsere scheinbar so »heile Welt«. Und die Jüngeren? Sie können davon nichts wissen und ahnen wahrscheinlich nicht einmal, womit ihre Mütter oder Großmütter nach dem Krieg fertig werden mußten.

Alles war kaputt. Nicht nur äußerlich. Aber diese »Stunde Null« bot auch Chancen nach Tod und Vernichtung – der Krieg war vorbei. Hunger und Not noch nicht. Doch gemeinsam und gemeinschaftlich konnte etwas Neues entstehen. Auf allen Gebieten. Nicht nur wirtschaftlich. Optimismus breitete sich aus. Vor allem bei den Frauen. Trotz ihrer oft erschütternden Schicksale. Oder gerade deshalb . . .

Dieser Gedanke hat mich über Jahre und Jahrzehnte nicht losgelassen. Ich habe mich – immer wieder – mit Frauen unterhalten, die damals 18, 20, 25 waren. Ich habe sie befragt, habe sie gebeten, seid bitte ehrlich, sagt mir, wie das damals war – mit euch, mit euren Männern, mit anderen Männern, wie war eure Situation wirklich, wie habt ihr das alles bewältigt?

Und dann stand mein Entschluß fest. Über diese Zeit mußt du einen Film machen. Vor allem über die Frauen in dieser Zeit.

Was sie damals ertragen, geleistet und bewältigt haben, ist auch heute noch beeindruckend und beispielhaft – für alle Generationen, davon war und bin ich überzeugt.

So entstand die Idee zu »Rama dama«, so wurde Kati Zeiler »geboren«. Ich »verschlang« zahlreiche Text- und Bildbände über die damaligen Ereignisse, skizzierte die Handlung des Films auf zwölf Schreibmaschinenseiten und fuhr damit zu dem Verleih, der auch schon »Herbstmilch« in die Kinos gebracht hat – zur Senator-Film.

# Zum Drehbuch – ungewöhnliche Interviews mit älteren Damen

Den Verleih-Leuten, mit denen ich seit »Herbstmilch« gut befreundet bin, gefiel meine Idee; sie akzeptierten mich auch sofort wieder als Produzenten, Regisseur und Kameramann des Films und stellten finanzielle Unterstützung in Aussicht.

Blieb die Frage nach dem Drehbuchautor. Senator-Pressechef Jürgen Büscher schlug Martin Kluger aus Berlin vor. Ich telefonierte mit ihm und schickte ihm mein Exposé. Dann trafen wir uns. Er war von meiner Stoff-Skizze sehr angetan. Wie aber sollte das Drehbuch aussehen, in welcher Form sollte die Handlung ablaufen? So ganz einfach war das – bei diesem Sujet – wirklich nicht.

Wir beschlossen, uns zurückzuziehen, fuhren nach Berchtesgaden, mieteten uns dort ein und fingen an, aus dem Handlungsgerippe des Exposés eine erste Drehbuchfassung »zu basteln« (vier sind es dann letztendlich geworden). Die Figuren waren ja schon angelegt: Kati Zeiler mit ihren beiden Kleinen, Ehemann Felix, der in russische Gefangenschaft gerät, Hans Stadler, Rußland-Heimkehrer 1945, der mit Kati und ihren Kindern gewissermaßen eine Familie gründen will, dazu noch zwei, drei Nebenfiguren. Ich wollte bewußt nur wenige Personen haben und die ganze Geschichte exemplarisch an einer Frau zeigen – als Beispiel für Millionen andere. Diese Kati Zeiler hat schon ein Kind und ist zur Kriegsweihnacht 1944 im fünften Monat schwanger. Ihr Mann muß schon am Tag nach Weihnachten zurück nach Rußland. Mit Hans Stadler tritt nach Kriegsende ein anderer Mann in ihr Leben. Sie sträubt sich zunächst gegen ihn, weil sie ja ihr zweites Kind kriegt und nicht weiß, ob ihr Mann

16

noch lebt. Ich wollte die ganze Geschichte dieses Films an Kati Zeiler zeigen, wollte nicht noch zehn andere Figuren oder Schicksale, um auch für den Zuschauer später einen ganz klaren Handlungsablauf zu haben.

Martin Kluger und ich arbeiteten bei der Entwicklung des Drehbuchs nach einem festen Tagesablauf. Wir standen früh auf, fingen um acht Uhr an und blieben bis etwa 13 Uhr »dran«. Dann fuhren wir durch die Gegend. Berchtesgaden ist ja ein großer Urlaubsort mit vielen Leuten aus ganz Deutschland. So konnten wir unsere Informationen, die wir aus eigenem Erleben, von Bekannten und Verwandten, aus Büchern und Erzählungen schon hatten, noch erweitern. Zwischen 13 und 17 Uhr ungefähr hielten wir uns zum Beispiel in Cafés oder auf Almen auf und befragten ältere Frauen aus Hamburg, Hannover, Würzburg oder Stuttgart – quer durch die Bundesrepublik. Sehr schnell stellte sich für uns etwas sehr Interessantes heraus: Ihre Schicksale in der damaligen Zeit glichen sich, waren verblüffend ähnlich, gleichgültig, ob sie seinerzeit in Berlin oder Hamburg lebten. Ihre Männer weilten im Krieg oder in Gefangenschaft, fielen oder kamen zurück. Irgendwann. Die Frauen wußten es nicht. Manche Männer wurden für tot erklärt und standen trotzdem eines Tages in der Tür. Dann war oft ein anderer da. Viele der Frauen haben große Schuldgefühle gehabt.

Das haben wir alles gehört – und es hat uns gezeigt, daß unsere Geschichte stimmte.

Als wir die Frauen ansprachen und ihnen sagten, wir machen da einen Film und sie möchten uns bitte aus der Zeit um 1945 herum alles ehrlich erzählen, da haben uns einige schon für »spinnert« gehalten. Aber meist tauten sie schon nach zehn Minuten auf und waren – nach meinem Dafürhalten – absolut ehrlich. Jede hatte ihr zeitbezogenes Schicksal. Ich wollte, daß sich das umschlug auf unsere Kati Zeiler, daß unsere Hauptperson mehrere zeittypische Schicksale verkörperte. Es ging halt immer um die Angehörigen, um den Mann, um die Liebe zwischen ihnen. Nicht nur die nervenzerreißenden, lebensbedrohenden

Bombenangriffe waren damals schlimm, wurde uns immer wieder gesagt, mehr noch waren es die gestörten Beziehungen zueinander – wenn der Mann lange weg war, aber oft auch, wenn er wieder zurückkam. Es hat viele Frauen gegeben, die mit ihren Männern nichts mehr anfangen konnten, obwohl sie keinen anderen gehabt hatten. Und natürlich war dies auch umgekehrt der Fall. Auch die Männer hatten ja während ihrer Abwesenheit ihr eigenes Schicksal und standen nach ihrer Rückkehr ratlos vor der Frage, wie es jetzt eigentlich weitergehen sollte.

Martin Kluger und ich gewannen aus unseren vielen Gesprächen jedenfalls den Eindruck, daß unsere Geschichte einen zeittypischen, realistischen Hintergrund hatte. Bei der Arbeit am Buch zog ich schon sehr früh – noch früher als bei »Herbstmilch« – meine beiden Hauptdarsteller hinzu; wir fuhren gemeinsam nach Berchtesgaden und befaßten uns an Ort und Stelle nur mit dem Buch. Schon während des Schreibens spielten sich die beiden die Dialoge vor und prüften, wieweit das funktionierte. Das war sehr intensiv. Wir kannten natürlich nicht die Motive, aber jeder wußte, worum es ging. Beide hatten so schon lange vor Drehbeginn ihr Bild – von der »Kati« und vom »Hans Stadler«.

Dana und Werner Stocker arbeiten sehr gut miteinander. Natürlich fliegen auch manchmal die Fetzen, beide sind oft sehr eigenwillig, da läßt sich keiner die Butter vom Brot nehmen. Aber das Schöne ist, daß es immer sachliche Auseinandersetzungen sind, die eben auch sachlich bereinigt werden. Später – beim Drehen – saßen wir drei immer zusammen und sprachen den nächsten Drehtag durch, bei größeren Szenen schon eine Woche vorher. Das war ein absoluter Glücksfall, andere Schauspieler haben ja gar nicht die Zeit, eine Woche dabeizusein, ohne etwas bezahlt zu bekommen. Bei uns klappt das nur, weil Dana meine Frau ist und Werner Stocker bewußt wenig macht. Was ihm nicht gefällt, macht er nicht. Wenn er aber mal »ja« sagt, steht er ständig zur Verfügung. Das finde ich großartig.

Das Drehbuch »stand«. Jetzt war ich – wie bei »Herbstmilch«

– wieder als Produzent gefragt. Ich mußte das Drehbuch kalkulieren, mußte feststellen, was der Film, vermutlich, kosten würde. Billig konnte er bei den Bauten, Motiven, Komparsen, Bahnhöfen, Straßen und ähnlichem mehr aus der damaligen Zeit nicht sein, soviel war klar, auch wenn ich, wie immer, mit kleinem Stab arbeiten würde.

Ich kam – bei sparsamster Kalkulation – auf vier Millionen!

Martin Kluger:

# »Rama dama« auf der Schreibmaschine: Wie das Dreh- buch entstand

Die Filmbranche basiert zwar auf Teamwork, aber da das Drehbuch für einen Film lange vor Produktionsbeginn fertig sein muß, ist der Autor erst einmal auf sich allein gestellt.

Der Autor freut sich.

Niemand, der ihm reinredet.

Selbstvergessen wie ein Kind am Strand baut er seine Sand- burg aus Einfällen, Dialogen, Szenen. Bis die erste Welle kommt, meist in Gestalt des Produzenten. Schwapp! macht die erste Welle, das machen wir ganz anders. Und der Autor baut seine Sandburg um.

Er wirkt nicht mehr ganz so kindlich.

Er hat sein selbstvergessenes Lächeln verloren.

Er ist jetzt ein ernsthafter Drehbuchautor.

Bei Joseph Vilsmaier und »Rama dama« war es ganz anders. Es war so anders, daß ich mich – obwohl seither kaum ein Jahr vergangen ist – daran zurückerinnere wie an »die guten alten Zeiten«. So müßte die Drehbucharbeit immer sein, denke ich dann, so unverkrampft, intensiv, freundschaftlich, so lehrreich auch.

Dabei hatte ich anfangs meine Bedenken ...

Ich lernte Joseph Vilsmaier über Jürgen Büscher von Senator- Film kennen. Zusammen mit Dana Vavrova, Werner Stocker und Norbert Jürgen Schneider hatte Vilsmaier die »Rama dama«-Story, die Hauptlinien der Handlung, bereits entwickelt. Die Geschichte faszinierte mich ebenso wie die Aussicht, für Dana Vavrova zu schreiben, die ich seit der Fernsehserie »Ein Stück Himmel« sehr bewunderte.

Dann hörte ich, daß Vilsmaier bei »Rama dama« nicht nur Regisseur und Kameramann, sondern auch Produzent sein würde.

Heilige Dreifaltigkeit!

Schlechte Aussichten für Sandburgen.

Mit gemischten Gefühlen flog ich von Berlin nach München. Ich erwartete die übliche, tastend-taxierende Lagebesprechung im Filmproduzentenbüro. Nix da.

Das Gespräch fand in einer Gastwirtschaft statt, und nach zwei Stunden hatten wir zwar noch kein Wort über den Sinn des Lebens unter besonderer Berücksichtigung des Filmemachens verloren, wohl aber Bilder, Szenen und Dialogfetzen in Hülle und Fülle gesammelt. Ja, wir hatten – mit Danas Hilfe – sogar schon die Schlußeinstellung des Films (an der sich dann auch nichts änderte). Vilsmaier ist ein Mensch, der sich nicht bei langen Vorreden aufhält. Er lebt nach dem Kästnerschen Satz: »Es gibt nichts Gutes, außer man tut es.« Obwohl in vieler Hinsicht grundverschieden, waren wir uns auf den ersten Blick »geheuer«, erklärten uns kurzerhand zu Co-Autoren und besiegelten den Abend mit einem Prost auf »gute bayerisch-preußische Zusammenarbeit«.

Ach ja, das Bayerische.

Wenn Vilsmaier bei der Arbeit in Fahrt kam, verstand ich lautlich manchmal nur noch Bahnhof.

Ich glaube, ich habe seit den Mathestunden in der Schule nie mehr so oft »Wie bitte?«, »Bitte noch mal?« oder später einfach »Hä?« gefragt.

Manchmal wünschte ich mir insgeheim einen Dolmetscher.

In Berlin schrieb ich eine erste Fassung des Films in Prosa. Per

Telefon brachte Vilsmaier seine Einfälle ein, die meine »preußischen Poesien« um »bayerische Bilder« ergänzten. Dann kam die nächste Besprechung in München, und ich staunte nicht schlecht, als ich mich plötzlich inmitten fast des gesamten »Herbstmilch«-Teams wiederfand. Viele der Schauspieler, der Stab, der Filmarchitekt und (besonders wichtig) der Filmkomponist äußerten ihre Ideen und Wünsche, bevor ich die zweite Fassung schrieb.

Das ist überhaupt nicht selbstverständlich.

Normalerweise geht es hierarchischer zu, von oben nach unten.

Aber bei Vilsmaier bauen sie alle mit an der Sandburg. Und es macht immer viel mehr Spaß, wenn viele Kinder zusammen spielen, nicht wahr?

Nun sind wir Autoren zuweilen schwierige Kinder. Sind empfindlich, heikel. Stampfen mit dem Fuß, wenn wir auf bestimmten Sätzen beharren. Vilsmaier wußte das und entschärfte die wenigen Situationen, wo die Meinungen zu hart aufeinanderprallten, indem er schlicht und einfach seine eigene Version durchsetzte. Das macht er ohne viel Aufhebens, so daß man es gar nicht merkt. Und dann gibt es noch Ingrid Strohmaier, Vilsmaiers rechte Hand bei seiner »Perathon Film- und Fernsehgesellschaft«. Neben den zirka vierzig Berufen, die sie dort ausübt, war sie auch noch die perfekte Telefonseelsorge, wenn's an meinem Schreibtisch in Berlin mal nicht so gut lief.

Mit der zweiten Drehbuchfassung fuhren Vilsmaier und ich nach Berchtesgaden, um fernab der Telefone und Faxgeräte zusammenzuarbeiten. Den Gästen einiger Wirtshäuser und Hotels an der Roßfeldhöhenringstraße bot sich in diesen Tagen ein seltsames Bild.

Da sprangen in der Schankstube zwei geistig eigentlich gesund aussehende Männer hin und wieder vom Tisch auf und vollführten völlig verrückte, pantomimische Bewegungen, um sich dann nickend wieder hinzusetzen und irgend etwas in ein kleines Büchlein zu schreiben oder in ein noch kleineres Diktiergerät zu sprechen.

Alte Damen schüttelten die Köpfe über die verrückten Mannsbilder.

Familien hielten ihre Kinder an, nicht hinzuschauen.

Wirtsleute addierten zur Vorsicht schon mal die Rechnung.

»Jetzt spuiln ma dös no amoal durch«, sagte Vilsmaier, sprang auf und stellte eine ganze Szene oder Montage mit allen Rollen (inklusive Hund!) nach. Besonders, wenn er die Arme um sich schlang und laut schmatzend ein imaginäres Gegenüber abküßte, muß es die anderen Gäste innerlich geschaudert haben.

Während er eine Szene »nachspielte«, nahm ich die Zeit mit der Stoppuhr. Zu lang, befand Vilsmaier – und dann ging es ans Kürzen. Und siehe da, diese Betätigung, für den Autor in der Regel ein Graus, machte auf einmal Spaß. Denn jede Kürzung führte schließlich zu einer Verdichtung, zu einer Verbesserung also. Von Anfang an hatten wir wenig Dialog, um die Personen mehr durch ihre Handlungen lebendig und verständlich zu machen. Jetzt kürzten wir auch noch den kurzen Dialog, nach dem Motto: »Am Anfang war das Wort – und es war kurz«. Später kamen Dana Vavrova und Werner Stocker hinzu, spielten einige der Szenen durch und sagten oft: »So geht's nicht.« Dann schrieben wir gemeinsam mit ihnen diese Dialogstellen um, bis es eben ging.

Das hatte ich vorher so noch nicht erlebt.

Schauspieler inspirieren. (Sie nerven auch manchmal, aber das ist allgemein bekannt.) Jeder Film- oder Bühnenautor kann nur gewinnen, wenn er mit den Schauspielern arbeitet.

Um »seinen Berliner« auf die »Rama dama«-Landszenen einzustimmen, fuhr Vilsmaier mit mir nach Niederbayern, ins Rottal, wo »Herbstmilch« entstanden ist. Für einen eingefleischten Städter, der auf den Straßen vor allem gereizte Knurrlaute gewöhnt ist, war es schon beeindruckend, mit welcher spontanen Herzlichkeit wir empfangen wurden. Und immer von der ganzen Familie, bis hin zur Urgroßmutter. Sie alle saßen um den Tisch in der niedrigen Bauernstube und erzählten von ihren Erlebnissen 1944/45. Es waren Geschichten darunter, die man nie erfinden könnte. Wenn wir dann weiterfuhren, versammelte sich die Bauersfamilie vor der Haustür und winkte uns nach. Ich werde dieses Nachwinken nie vergessen. Es gab mir – einem vollkommen Fremden – das Gefühl, willkommen gewesen zu sein.

Auch Anna Wimschneider winkte zum Abschied, nachdem wir sie und ihren Mann Albert kurz auf ihrem Hof besucht hatten.

»Und kommt S' wieder«, rief sie uns nach. »Ich hab's nämlich gern, wenn die Leut' wiederkommen.«

Dieser Satz klingt in mir nach. Denn er bringt etwas von der Generation, um die es in »Rama dama« geht – die Generation der Trümmerfrauen und der Heimkehrer –, auf den Punkt.

*Moment-
aufnahmen
von den
Dreharbeiten*

Hilfsbahn vor dem
Verkehrsministerium
in der Arnulfstraße.
(Foto: Stadtarchiv
München)

Schutthalde bei der
Alten Pinakothek
(Foto: Stadtarchiv
München)

*Die Trümmerbeseiti-
gung ist in einzelnen
Aufbaugesetzen gere-
gelt, die auch festlegen,
wer zur Beseitigung der
Trümmer verpflichtet ist
(Eigentümer oder Ge-
meinde) und wie bei
Beseitigung durch die
Gemeinde die Werte
der Trümmer anzurech-
nen und die Kosten der
Beseitigung zu tragen
sind. Trümmer in die-
sem Sinne sind auch die
noch fest verbundenen,
aber beim Wiederauf-
bau doch abzutragen-
den Bestandteile.
(Der Große Brockhaus,
1957)*

# Die Finanzierung: Nervenproben besonderer Art

Wo nahm ich vier Millionen her?

Der Verleih konnte und wollte helfen, schon – aber mit vier Millionen? »Herbstmilch« brachte – wieder einmal – erste Hilfe, hellte den sonst noch pechschwarzen Finanzierungshorizont etwas auf. Ich erhielt für diesen Film von der FFA (Filmförderungsanstalt) sogenannte Referenzmittel, die mit einem gewissen Prozentsatz im Eintrittspreis an der Kinokasse enthalten sind und am Jahresende erfolgreichen Filmen – zweckgebunden – zugute kommen. Sie müssen also wieder für eine neue Produktion verwendet werden.

Das war die erste zarte Finanzierungsquelle, die zweite »sprudelte« aus dem Bundesfilmpreis für »Herbstmilch«, ebenfalls zweckgebunden, also für »Rama dama« verwendbar. Aber das ergab, auch mit Hilfe des Verleihs, natürlich noch längst nicht vier Millionen. Also versuchte ich es noch bei der Filmförderung des Bundesinnenministeriums, bei der Filmförderungsanstalt in Berlin und bei der Bayerischen Filmförderung.

Und jetzt wurde es kritisch. Wir hatten inzwischen Januar 1990. Der Vergabeausschuß des Bundesministeriums des Innern tagte erst im Mai, und mein Hauptmotiv in Prag – aber darüber später ausführlicher – sollte am 2. Februar gesprengt werden. Die Baufirma war schon beauftragt, um das für unseren Film hervorragend geeignete Gebiet für den Bau einer Schnellstraße dem Erdboden gleichzumachen. Ohne dieses Motiv hätte ich den ganzen Film nicht drehen können. Wenn ich aber – gewissermaßen auf eigene Kappe – vor dem BMI-Vergabetermin im Mai anfing zu drehen, um mein Motiv zu retten, konnte ich nach den Richtlinien des BMI kein Geld mehr erwarten. (Man darf ein

Projekt nicht beginnen, bevor der Vergabeausschuß die Mittel zugesagt hat!)

Was tun?

Ich telefonierte, ich schrieb, schilderte meine ausweglose Lage – nichts half. Die Leute wollten, oder konnten auch gar nicht, von ihren Richtlinien abweichen. Dieses Geld, immerhin 400 000 DM, war weg. Doch dabei blieb es nicht. Die Berliner FFA bewilligte mir auch 300 000 DM weniger, das war schon ein Minus von 700 000 Mark!

Die Situation schien – wieder einmal – aussichtslos!

Inzwischen waren die Vorbereitungen schon so weit gediehen, daß ich eigentlich nicht mehr zurückkonnte.

Ich mußte mich darauf einlassen, stellte alle Gagen, meine eingeschlossen, und was es sonst noch an Eigenleistungen gibt zurück – und hatte dann riesiges Glück. Die vorgesehenen Referenzmittel für »Herbstmilch« fielen höher aus, weil »mehr im Topf« war. Meiner Nachforderung bei der FFA wurde auch stattgegeben, desgleichen bei der Bayerischen Filmförderung. Das klingt jetzt nachträglich alles ein bißchen wie »Sepp im Glück«, kostete aber unglaublich Nerven, denn bis alles unter Dach und Fach war, hatten wir den Film schon zur Hälfte gedreht. Meine Rettung war der Verleih; die Senator-Leute haben mich finanziell abgesichert, bis alle Gelder »drin waren«.

# Verhandlungen und Vorbereitungen: Die Überraschungen reißen nicht ab

Parallel zur Finanzierung liefen Verhandlungen und Vorbereitungen für die Dreharbeiten. Geographisch bewegten wir uns dabei im Dreieck zwischen Niederbayern, München und Prag. In Niederbayern mußte der Einmarsch der Amerikaner vorbereitet werden, in München Bunkerszenen und in Prag, an unserem Hauptmotiv, Szenen in Straßen und Häusern, die denen in München aus der Zeit von 1945/46 verblüffend ähnlich waren – und die es in dieser Form im heutigen München gar nicht mehr gibt.

Vordringlich war Prag, denn dort wartete bekanntlich ja schon die Baufirma darauf, das Viertel mit den alten Häusern und Straßen, die für unsere in München spielenden Bombardierungs- und Trümmerszenen unersetzlich waren, abzureißen.

Für diese Vorbereitungen in Prag nahm ich über eine Münchner Consulting-Firma Kontakt auf mit einer tschechischen Außenhandelsorganisation (staatlich, andere gab es damals noch nicht), die mir garantieren sollte, daß alles korrekt ablief. Ich arbeitete schließlich auch mit öffentlichen Geldern, und da brauchte ich in der Tschechoslowakei einen Partner, der für alles geradestand, was passierte. Und die Verträge wurden auch so abgeschlossen, daß für jedes Teil – ob Bügeleisen oder Waschmaschine – festgelegt wurde, wer die Dinge stellte, die tschechische Seite oder wir. Das wurde dann von den Kosten entweder auf- oder abgerechnet. Ein Problem war auch die Straßenbahn, die in einem unserer Motive in Prag fahren sollte – als Münchner Straßenbahn aus der damaligen Zeit, versteht sich. Von der Stadtverwaltung München haben wir entsprechende Fotos bekommen und danach die Prager Bahn umspritzen lassen. Um

Kosten zu sparen, haben die Leute dort mit Wasserfarbe gearbeitet. Falls es geregnet hätte, wären wir ganz schön in die Traufe gekommen.

Vertraglich zu fixieren galt es folglich eine ganze Menge. Ich habe dann über unsere Münchner Kontaktfirma den tschechischen Partner um eine Gesamtkalkulation der Kosten unter Einbeziehung aller Motive in Prag gebeten. Schließlich mußte ich ja wissen, ob unser Geld überhaupt reichte. Wegen des schon erwähnten geplanten Abrisses unseres Hauptmotivs war die Finanzierungsfrage natürlich besonders dringlich. Doch die Außenhandelsorganisation verschwieg mir, wer für meine Anliegen verantwortlich war. Das machte mich stutzig. Die Chefin der Münchner Consulting-Firma beruhigte mich, mit den Motiven und auch sonst ginge alles in Ordnung – und dann konfrontierte sie mich mit überhöhten Gagen und Schwarzgeldern. Da sollten etwa gezahlt werden: 15000 DM für den tschechischen Produktionsleiter, für die Regieassistentin 10000 DM, für den ersten Aufnahmeleiter 3000 DM, für den zweiten Aufnahmeleiter ebenfalls 3000 DM, für den ersten Hilfsassistenten 1000 DM. (Zum Vergleich: Ein Produktionsleiter in der Tschechoslowakei verdiente zur Zeit unserer Verhandlungen normalerweise 4000 Kronen; 15000 DM entsprachen damals rund 300000 Kronen, also mehreren Jahresgehältern!)

Als Schmiergelder wurden angesetzt: 10000 DM für den Bauleiter, 5000 DM für den zweiten Bauleiter, 3000 DM für den Polier, 5000 DM noch einmal für den Produktionsleiter, da er das Motiv fest gesichert hätte, und noch einmal 5000 DM für den ersten Aufnahmeleiter. Diese Schmiergelder sollten mit 50 Prozent angezahlt werden. Wenig später eröffnete mir die Chefin der Münchner Consulting-Firma, daß die Kosten für unser Hauptmotiv um 300000 DM höher lägen, weil die Baufirma das so verlangte.

Ich konnte diese Summen selbstverständlich nicht verantworten, weil ich ja über alle Kosten Rechenschaft ablegen muß. Zudem stellte sich nach längeren Telefonaten und etlichen Reisen

»Rama dama«-Motive in Prag

heraus, daß die besagte Baufirma überhaupt nichts von Abmachungen mit uns wußte. Und jedesmal, wenn ich nach Prag kam, stellte ich fest, daß die Bulldozer sich weiter in jenes Viertel vorgewühlt hatten, das wir für unser Hauptmotiv brauchten. Und zwei Wochen vor Drehbeginn war immer noch kein Vertrag da.

Jetzt mußte ich handeln. Wenn ich die überhöhten Gagen und Schmiergelder gezahlt hätte, wäre wahrscheinlich »alles gelaufen«. Da ich das nicht wollte – und konnte –, wollte uns die Chefin der deutschen Consulting-Firma im Verbund mit ihren tschechischen Freunden, unter denen der bei den Prager Barrandov-

Studios angestellte Produktionsleiter eine ganz besonders zwielichtige Rolle spielte, offensichtlich auflaufen lassen.

Ich kündigte den Vertrag mit dieser Firma, konnte über einen befreundeten tschechischen Kameramann Verbindung zu einem seriösen Prager Unternehmen aufnehmen, das alle Probleme im Zusammenhang mit unserem vorgesehenen Hauptmotiv löste, und schrieb dem Botschafter der Tschechoslowakischen Republik in Bonn einen Brief – mit Durchschlag an die Kanzlei von Staatspräsident Václav Havel –, in dem ich unter anderem anmerkte:

»... wir dürfen Sie versichern, daß wir ein ehrliches und aufrichtiges Interesse daran haben, durch unsere Arbeit und durch die Zusammenarbeit mit Partnern in der Tschechoslowakei die Beziehungen zwischen unseren Ländern verbessern zu helfen. Wir arbeiten gern mit guten Freunden in Prag und anderswo zusammen. Wir erwarten jedoch, daß die Behörden sicherstellen, daß wir in gewohnt verläßlicher Form unserer Arbeit durch solide Verträge und Vereinbarungen nachgehen können ...«

Dann ging – buchstäblich in letzter Minute vor der Zerstörung unseres Hauptmotivs – alles sehr schnell. Der Chef der Prager Barrandov-Studios bat mich um ein Gespräch – veranlaßt von der Staatskanzlei des Präsidenten Havel. Von den merkwürdigen Privatgeschäften des bei ihm angestellten Produktionsleiters hatte der Direktor nichts gewußt. Wir konnten alle Mißhelligkeiten ausräumen und vor allem in Verbindung mit dem vorbildlich arbeitenden Studio der Gebrüder Sirotek sicherstellen, daß unser Hauptmotiv für die „Trümmer-Sequenzen" des Films erhalten blieb.

Die Abrißarbeiten wurden tatsächlich aufgeschoben, und zwar so, daß die Bulldozer jeweils die Motivteile, die wir nach Abdreh nicht mehr brauchten, erst am nächsten Tag »plattwalzten«. Aber auch so hatten wir nicht geringe Probleme. Für die Szene eines schweren Luftangriffs im Februar 1945 auf München mußte das Motiv natürlich so ausschauen wie damals. Wir mußten Hunderte von Lastwagen mit Steinen, Schutt und ähnlichem mehr in Tag- und Nachtarbeit heranfahren lassen, um das Umfeld zeitentsprechend richtig zu präparieren. Bei dem Angriff mußten dann ganze Straßenzüge angezündet werden, damit sie – wie damals während des tatsächlichen Angriffs – brannten. Bewohner, die in den Bunker geflüchtet waren und anschließend zurückkamen, mußten durch Feuer und Wasser hindurch, an kaputten Hydranten vorbei, aus denen Wasserfontänen schossen.

Das war besonders schwierig, vor allem für die Kinder. Kinder waren damals dabei, also gehörten sie auch in unseren Film, um heutigen Generationen klarzumachen, welch ein Wahnsinn damals herrschte.

Wir brauchten auch eine Schuttbahn, so wie sie damals in der Türkenstraße oder in der Kaufingerstraße fuhr. Dafür mußten wir einen halben Kilometer Gleise betonieren, damit die Schuttbahn original mit Trümmerfrauen und Loren fahren konnte. Die Schuttbahn habe ich an der deutsch-tschechischen Grenze »aufgetrieben«.

Das Haus, in dem im Film Kati Zeiler wohnte, mußte besonders verändert werden. Nach einem Bombenangriff sollte die Vorderwand des Hauses fehlen, so daß man in Küche und Zimmer hineinsehen kann. Wir mußten das alles raussprengen und rausbohren, um diesen Eindruck zu erzielen. Dadurch wurde aber die Statik verändert. Ohne die vordere Wand reichte die Tragfähigkeit der Fußböden nicht mehr für Kamera und mehrere Personen aus. Folglich mußten Balken eingezogen werden, damit wir gefahrlos arbeiten konnten.

Für die Bahnhofsszenen mußten Tausende von Komparsen vorbereitet werden – als Heimkehrer im Winter und im Sommer, in der damaligen Kleidung und kahlgeschoren. Das mußte alles original sein. Wir konnten das nicht einfach schneidern lassen. Wir mußten Firmen finden, die uns das alles lieferten, Kostüme, Gerät, Waffen und auch Panzer für den Einmarsch der Amerikaner in Niederbayern. Die Ausstattungsfirma Sturm und das Auto+Technik-Museum in Sinsheim mit seinem Vizepräsidenten Richard Eiermann haben uns da unglaublich engagiert geholfen. Für den Einmarsch der Amerikaner tat dies der ehemalige US-Oberst Magill; er hat noch heute Kontakt zur amerikanischen Armee und konnte mir amerikanische Soldaten vermitteln. Ich wollte unbedingt, daß den Einmarsch Amerikaner spielen. Sie schauen doch anders aus als Deutsche; und wir wollten ja alles original machen – einen Zug von einem Kilometer Länge auf Fahrzeugen der damaligen Zeit.

Es mußten Bus-Unternehmen gechartert werden, um die Soldaten an die Drehorte zu fahren – und zwar für den Einmarsch und später andere für Szenen in einem »Ami-Club«. Ich habe selten Komparsen erlebt, die so eifrig bei der Sache waren. Jun-

Vorarbeiten am Hauptmotiv in Prag

ge Leute aus der Armee, von denen fast jeder einen Vater oder Großvater hatte, der das damals alles mitgemacht hat. Sie alle waren Feuer und Flamme, daß sie mitspielen durften.

Für die Szenen im »Ami-Club« auf dem Fliegerhorst Erding hat mich Billy Gorlt hervorragend unterstützt. Er hat 1945/46 dort mit einer Band mehrere Jahre gespielt und konnte mir genau sagen, wie es dort zuging.

Und für den Einmarsch der Amerikaner brachten, wie schon erwähnt, Herr Eiermann vom Auto+Technik-Museum und Herr Thomas Sturm von der gleichnamigen Ausstattungsfirma »alles mit«: Original-Uniformen, Original-Abzeichen auf den Panzern, Tarnnetze, Original-Verpflegung, Schokolade, Kaugummis, Dosen und so weiter und so fort.

Wir wußten genau, wie der Zug ablaufen muß, wie die Kolonne abläuft. Das war eine Mannschaft von einigen hundert Leuten, die in Gern bei Eggenfelden, im Kolpinghaus und in der Pfarrei, untergebracht wurden. Die Amerikaner kamen mit Zelten, von der Bundeswehr waren Leute dabei, teilweise Panzerfahrer.

Das mußte alles organisatorisch minuziös vorbereitet werden. Wir drehten ja an einem Tag praktisch an drei verschiedenen Motiven: Einmarsch der Amerikaner auf der Landstraße, auf einem Bahnhof und in einer Ortschaft, mit Entfernungsunterschieden von ungefähr 25 km. Mit diesem ganzen Troß an einem Tag! Da durfte nichts schieflaufen, der Tag kostete etwa 200 000 DM. Wir haben u. a. mit dem Landratsamt und mit der Polizei verhandelt. Schließlich mußten auch Straßen gesperrt werden.

Natürlich gab's trotz aller Perfektion bei der Vorbereitung später dann doch Überraschungen. An jenem Samstag, an dem wir drehten – der Zeitpunkt stand schon länger fest – begann in Gern ein Volksfest. Wir mußten also mit unserem Einmarsch in der kleinen Kreisstadt bis Mittag fertig sein. Natürlich ging gerade jetzt irgendein Panzer nicht, sprang ein Kettenfahrzeug nicht an; die konnte man ja nicht einfach so bewegen, heilloses Durcheinander entstand.

Doch irgendwie hat dann doch noch alles geklappt – mit Disziplin allerdings, mit sehr viel Disziplin aller Beteiligten.

Für den »Einmarsch der Amerikaner«
in Niederbayern:

**Vom Panzer
bis zum
Uniformknopf
wird alles
geliefert**

Vom Auto+Technik-Museum, Sinsheim, und von der Sturm Handels-GmbH, Rottenburg am Neckar, konnte die Pera-thon-Film alles beziehen, was für den Einmarsch der Amerikaner in »Rama dama« erforderlich war – vom Panzer bis zum letzten Uniformknopf. Das 1981 eröffnete, in seiner Art in Europa einmalige Auto+Technik-Museum – mit 1500 Mitgliedern im Förderverein – zeigt auf 30 000 qm in 10 Hallen rund 3000 Ausstellungsstücke – von Auto-Old-timern über Renn- und Sportwagen, Traktoren und Flug-zeuge bis zu »Tiger«- und T 34-Panzern in der militär-historischen Abteilung.

Nachfolgend berichten Richard Eiermann, Vizepräsident des Museums und Leiter der militärhistorischen Abteilung, Manfred Schmitt, Fahrer des Führungspanzers beim »Ein-marsch der Amerikaner«, und Thomas Sturm, Inhaber der Ausstattungsfirma »Sturm Handels-GmbH«, über ihre Arbeit und die besonderen Anforderungen bei den Dreharbeiten zu »Rama dama«.

Richard Eiermann:

# Der »Einmarsch« war minuziös vorbereitet

Der Kontakt zur Perathon-Film und zur Produktion »Rama dama« wurde durch ein Mitglied unseres Fördervereins hergestellt. Einiges Material konnte das Museum liefern, das meiste aber kam von Mitgliedern des Fördervereins, die entsprechendes Gerät (Panzer, Kettenfahrzeuge usw.) privat besitzen oder es den Traditionseinheiten der Bundeswehr und der US-Armee zur Verfügung gestellt haben, aber weiterhin Eigentümer sind.

Im süddeutschen Raum sind ja hauptsächlich Amerikaner stationiert. Mit denen haben wir abgeklärt, daß wir das Gerät für eine bestimmte Dauer brauchen und es nach Beendigung der Film- und der technischen Arbeiten wieder zurückbringen. Die US-Armee stellte dafür auch eigene Transportfahrzeuge, denn es mußte alles verladen, hingefahren, abgeladen und funktionstüchtig gemacht werden. Es war eine enorme organisatorische Aufgabe, die wir zu bewältigen hatten.

In diesem Zusammenhang ist sicherlich noch interessant, daß alle militärischen Fahrzeuge, die wir in das Auto+Technik-Museum bekommen oder die von Mitgliedern unseres Fördervereins erworben werden, »demilitarisiert« sein müssen, um überhaupt erworben werden zu können, d. h. also: Fahren unter Panzerschutz darf ebensowenig möglich sein wie Schießen mit der vorhandenen Waffe. In jeder Waffe muß eine kalibergroße Bohrung angebracht werden, und der Verschluß muß fest mit der Waffe verschweißt sein. Überprüft wird das vom

Amt für gewerbliche Wirtschaft in Eschborn, nicht nur bei uns, auch bei jedem Privatbesitzer.

Für den Film »Rama dama« mußten viele Fahrzeuge funktionsbereit gemacht werden – vom Museum oder durch Interessengemeinschaften in Verbindung mit dem Museum und unserer Werkstatt. Das war oft mühsam, denn es gibt ja keinen »Laden«, in dem man fehlende Teile einfach kaufen kann. Aber – es hat alles bestens funktioniert, kein Fahrzeug fiel beim Drehen aus, obwohl immerhin 40 fahrbereite »Oldtimer« aus dem Zweiten Weltkrieg »mitspielten«, die ungefähr 70 bis 80 Kilometer zurücklegen mußten.

Organisatorisch stellte dieser »Fahrzeug-Aufmarsch« auf engem Raum – wir hatten in Gern ja keinen »Auslauf« – schon besondere Anforderungen. Und nicht nur der »Aufmarsch«, auch der »Anmarsch«. Es mußte genau festgelegt werden, wann welches Gerät auf welchem Tieflader von X-Stadt nach Y-Stadt zu fahren hatte, um rechtzeitig am Drehort zu sein. Das ging nur nach einem minuziös festgelegten Plan.

Obgleich wir keine »eingespielte Truppe« zur Verfügung hatten, sondern teilweise die deutschen Fahrzeugbesitzer in amerikanischen Uniformen oder Angehörige der US-Armee, hat doch alles gut geklappt. Wahrscheinlich lag es mit daran, daß der überwiegende Teil der Leute, die direkt mitgemacht haben, ein gemeinsames Interesse hatte – es war ja ihr Fahrzeug, ihr Gerät, da sollte natürlich nichts schiefgehen.

Der Leiter der militärhistorischen Abteilung, Richard Eiermann, bereitete die Mitglieder des Auto+Technik-Museum-Fördervereins in einem Rundschreiben auf die Dreharbeiten des »Aufmarsches der Amerikaner« in Niederbayern vor und teilte u. a. mit:

»Die Teilnehmer sind in einem Schulgebäude und in Zelten untergebracht, die Zelte werden durch das Museum bzw. Mitglieder zur Verfügung gestellt werden. Die Mitnahme von eigenen Zelten bleibt den Teilnehmern freigestellt. Jeder Teilnehmer muß für seine Schlafgelegenheit selbst sorgen, d. h. Schlafsack, Decken, Feldbett oder Luftmatratze ist mitzubringen. Siehe auch Anlage 2.

Für die Verpflegung in Form von militärischer Einsatzverpflegung der US-Armee bzw. der BW ist gesorgt. Als Feldkoch wird sich unser Mitglied Friedrich Stein betätigen. Die Aufstellung über die Kochutensilien sowie der Verpflegung sind der Anlage 3 zu entnehmen.

Durch die Fa. Sturm wird die gesamte Ausstattung der Statisten bereitgestellt. Für die korrekte Einhaltung der Anzugsordnung ist das Personal der Fa. Sturm sowie die Herren K.-H. Kleine und George Robinson verantwortlich. Um einen reibungslosen Ablauf sicherzustellen, sind die Anweisungen der Regie und Requisiteurin einzuhalten.

Die Verladung der Fahrzeuge und der Transport zum Drehort werden unter der Leitung von R. Eiermann und M. Schmitt durchgeführt. Die Reihenfolge, Uhrzeit (Tage) sowie der Spediteure sind in Anlage 4 festgelegt.

Für evtl. Instandsetzungen sind durch die Fahrzeuginhaber Ersatzteile mitzuführen. Als Inst-Team können die Herren U. Speck, G. Röhm und Sohn, M. Schmitt und versierte Teilnehmer eingesetzt werden. Die Fahrer und Fahrzeugbesitzer werden gebeten, Werkzeug mitzuführen...

Bereits am Mittwoch, dem 18.4.1990, wird eine Erkundung am Drehort (Postmünster) unter Leitung von R. Eiermann durchgeführt. Dabei wird festgelegt, wo das Biwak eingerichtet wird, die Parkplätze für die Fahrzeuge sind sowie Straßen für den Anmarsch (speziell für Großgerät). Außerdem muß eine Rampe zum Be- und Entladen der Lkw erkundet werden.«

*Moment-*
*aufnahmen*
*von den*
*Dreharbeiten:*
*Der »Einmarsch*
*der Amerikaner«*
*wird vorbereitet*

Manfred Schmitt:

# Das Faszinierende ist die Technik …

Ich war verantwortlich für die Aufstellung und die Vorbereitung der Fahrzeuge, die aus verschiedenen Standorten kamen. Wir hatten drei Panzer dabei, einen aus Hohenfels, einen aus Hochdorf und mein Fahrzeug, einen amerikanischen Panzer »M 24 Chaffee« aus dem Zweiten Weltkrieg, der schon schrottreif war und den ich in dreijähriger Arbeit mit Unterstützung des Museums wieder fahrbereit gemacht habe.

Natürlich gab es viele Probleme. Ersatzteile mußten beschafft werden – in Norwegen, Belgien und Italien. Die norwegische Armee hatte den M 24 auch gefahren; er hat zwei Personenwagen-Motoren drin, die bei der Firma Cadillac produziert wurden. Die Amerikaner hatten in ihre Panzer keine speziellen Triebwerke eingebaut wie die deutsche Armee, die haben eben benutzt, was da war – das vereinfachte vieles. Der »Chairman«, der beim Film dabei war, hat einen Neunzylinder-Flugzeugmotor. Auch dieser »Chairman« wurde in mühevoller Kleinarbeit wieder hergerichtet – von Privatleuten und mit Unterstützung des Museums. Es ging oftmals nur um einzelne Schrauben, die besorgt werden mußten. 5 bis 6 Schrauben mit unüblichem Gewinde, das dauerte manchmal wochenlang.

Zum Fahrer des Führungspanzers beim »Einmarsch der Amerikaner« hat mich Richard Eiermann »ernannt«: »Sieh zu,

43

daß der Chaffee richtig läuft, dann machen wir da mit«, meinte er.

Das war für mich eine reizvolle Aufgabe. Die Leute kamen von überall her mit ihren Fahrzeugen, die Panzer und Halbkettenfahrzeuge aus dem Umfeld des Museums, aber Jeeps und Ambulanzwagen auch aus Österreich – alle aus Privatbesitz. Es gibt Hunderte von Militärfahrzeugen in Privatbesitz. Manche Leute sammeln Briefmarken, andere eben Panzer. Ich habe auch einen Kübelwagen, Baujahr '43, bei mir zu Hause in der Garage stehen.

Wir hatten auch ein großes Biwak aufgebaut. Das Essen wurde in einer Gulaschkanone gekocht, die hier aus dem Museum kam, eine echte alte Gulaschkanone, Baujahr '42. Aus der sind alle, Schauspieler, Komparsen, Stabmitglieder, versorgt worden.

Die Besitzer der Fahrzeuge fuhren selbst, in stilechten amerikanischen Uniformen, geliefert von der Ausstattungsfirma Sturm. Da stimmte alles, auch das Zubehör – bis zur Patronentasche. Allerdings sah das alles ein bißchen neu aus und mußte »hergerichtet« werden. Einige »Amerikaner« haben sich einfach im Sand gewälzt und einen Tag vorher nicht rasiert, die

Fahrzeuge wurden mit Lehm und Wasser »bearbeitet«, dann sah das schon echt aus.

Der »Einmarsch« mußte gleich beim ersten Mal erledigt sein. Es war ein großes Problem, überhaupt in Gern durch die engen Straßen zu kommen. Eigentlich schade, daß die Kolonne dort nicht so realistisch fahren konnte. Das Militär fährt normalerweise nicht Stoßstange an Stoßstange, sondern mit 50 m Abstand auf der Landstraße und mit 100 m auf der Autobahn. Diese Auflockerung gilt als passive Abwehr.

Wir standen fast den ganzen Tag mit laufenden Motoren da. (Beide Triebwerke solch eines Panzers verbrauchen auf 100 km 700 Liter Sprit!) Die Schwierigkeit dabei war die Überhitzung der Fahrzeuge im Stand. Ich ließ immer ein Triebwerk laufen, das andere kühlte inzwischen ab. Wenn die Szene begann, war ich gleich parat. Es war schon etwas viel, Führer dieser Kolonne zu sein und auch noch selbst zu fahren. Ich war eigentlich mit dem Fahrzeug schon voll beschäftigt.

Das Faszinierende daran ist ja die Technik, nicht der Panzer.

Thomas Sturm:

# Der Teufel sitzt im technischen Detail

Wir sind ein Handels- und Verleihunternehmen, haben 50 Mitarbeiter, eine Filiale in Amerika und seit neuestem auch eine in der ehemaligen DDR.

Wir lassen viel in Israel produzieren, neue Campingartikel, auch Textilien für die Bundeswehr, Seesäcke, Zelte, Fliegerjakken, Schlafsäcke, Stiefel – auch für den privaten Bereich.

So bin ich auch an Regierungsleute in Israel gekommen und habe mich für Gebrauchtwaren interessiert, erbeutetes oder beschlagnahmtes russisches Material aus den Kriegen. Ich bin auf Waffenarsenale gestoßen, in denen alles aus dem Ersten und Zweiten Weltkrieg vorhanden war – fast lückenlos –, neben russischem auch englisches, amerikanisches, deutsches Material, es war im Prinzip alles in Armee-Depots, ist dort eingelagert und stand zum Verkauf. Ich hatte mich eigentlich vom Waffenhandel zurückgezogen. Nur als ich die Mengen und Auswahl an Waffen sah, sagte ich mir: »Mit dem Depot kann man jeden Film ausstatten, gleichgültig, ob Erster oder Zweiter Weltkrieg, ob Engländer, Franzosen, Österreicher usw.« Es war alles vorhanden und relativ billig.

Daraufhin bemühte ich mich um eine Genehmigung, Kriegswaffen importieren und in Filmwaffen umbauen zu können. Ich bekam die Genehmigung.

Es gefällt mir, wenn ich irgendwo 100 oder 500 Leute ausstatten, anziehen und so herrichten kann, daß es hundertprozentig stimmt.

Zu »Rama dama« bin ich über Richard Eiermann gekommen. Nach Gesprächen mit der Kostümbildnerin, dem Architekten und der Requisite wußte ich, worum es ging. Die Aufgabenstellung war klar, die Zeit war umrissen und der Platz war gegeben.

Daraufhin befaßte ich mich damit, welche amerikanischen Einheiten zur vorgegebenen Zeit in dieser Gegend waren. Ich stieß auf eine Panzerdivision, die von Passau herunter durch Eggenfelden gekommen war. Ich schrieb den Filmleuten das auf, denn entsprechend mußten die Abzeichen stimmen – auf der Uniform, auf dem Fahrzeug, also das taktische Zeichen: die Fahrzeuge wurden entsprechend beschriftet und bemalt, die Uniformen hergerichtet. Es hat ja jeder eine andere Uniform, der Panzerfahrer hat eine mit seinem Panzerhelm, seinem Kehlkopfmikrofon und seiner Staubschutzbrille, und der Jeepfahrer hat eine andere.

Bei »Rama dama« mußten für rund 150 Leute die Waffen stimmen. Es konnten nicht alle ohne Gewehre herumlaufen – oder alle mit MGs. Wir brauchten alle Waffen – MGs auf die Panzer, MGs auf die Jeeps, ein paar Panzerfäuste in die Anhänger, Tarnnetze drüber, Funkantennen, Packsäcke – das kam alles von uns.

Nachdem Regisseur Vilsmaier sehr früh anfangen mußte zu drehen, reichte die Zeit morgens nicht, die Leute anzuziehen. Wir gaben die Stiefel, Hemden, Hosen, Jacken schon abends aus und ließen die Leute in den Klamotten schlafen. Dadurch sahen sie auch ein bißchen zerknittert aus und kamen nicht so frisch gebügelt an.

Es hat alles sehr gut funktioniert und geklappt. Das lag nicht zuletzt daran, daß in den Szenen keine »action« verlangt wurde. Darunter verstehe ich eingebuddelte Leute, aufspringende Leute, Leute, die durch Stacheldraht robben. Da passiert natürlich fürchterlich viel, der eine verliert den Helm, der andere zerreißt sich die Uniform, fällt in ein Loch, wenn wir Sprengungen machen, gehen die im falschen Moment hoch usw.

Vor allem wurde in »Rama dama« nicht geschossen. Das ist das Handicap beim Platzpatronen-Schießen, da sitzt der Teufel im technischen Detail. – So war's hier relativ einfach.

Jeder hat eine
andere Uniform...

Größere Anforderungen stellten schon die Szenen in Prag.
Wir brauchten um die 100 abreisende Landser im Winter '44.
Die Thematik war klar: Ein Bahnhof, Landser reisen ab an die
Ostfront, werden von ihren Familien, von ihren Frauen verab-
schiedet.

Ich habe mir die Bahnhofsszene aufgeschlüsselt: Da stehen
welche in den Zügen, winken zum Fenster heraus, haben den
Mantel schon ausgezogen, die Mütze runter – soundso viele
stehen auf dem Bahnsteig herum, also haben sie einen Mantel,
der Urlauber hatte im Normalfall immer seinen Tornister da-

bei, mit Kochgeschirr, Plane drum, hatte seinen Helm, sein komplettes Koppelzeug usw.

Neben den Landsern warten ein paar Marinesoldaten auf ihren Zug, irgendwo Richtung Rendsburg, außerdem Panzersoldaten, Feldgendarmerie, Krankenschwestern, die Tee und Suppe ausgeben.

Das alles habe ich den Filmleuten vorgeschlagen. Das hat mir gefallen, nicht, weil ich was verkaufen konnte. Aber ich hatte echt die Freiheit zu sagen: Ich plane die Szene. Das war für mich der größte Spaß an der Sache. Es war natürlich eine Wahnsinnsarbeit, diese Dinge alle herzurichten, denn wir hatten nicht alles in solchen Mengen auf Lager. Wir mußten sehr viele Mäntel nachschneidern, Effekten machen lassen usw.

Dann war da noch eine zweite Aufgabe in Prag: 100 bis 150 Leute kommen 1946/47 von der Ostfront als entlassene Kriegsgefangene zurück. Die mußten selbstverständlich entsprechend zerlumpt aussehen. Es hat 1946/47 nur noch die Bergmützen gegeben und die Uniformen nur noch ohne grünen Kragen. Das waren so einige Details, die auch stimmen mußten. Ich wollte dafür auch nicht meine 150 guten Mäntel nehmen und sagen: »Gut, wenn die erste Szene gedreht ist, dann nehmt's Messer und schnipselt die Mäntel in Stücke, zieht sie durch den Dreck und reißt die Abzeichen herunter…«

Also mußten wir noch einmal alles – bis auf Stiefel und Hosen – herstellen, und zwar in zerlumptem Zustand.

Das war vom Arbeitsaufwand her natürlich sehr viel mehr als beim »Einmarsch der Amerikaner« in Niederbayern.

# Die Vergangenheit ist niemals tot . . .

In einem Fall allerdings konnte uns auch unsere ganze Disziplin, von der ich vorher sprach, nicht weiterhelfen.

Den Einmarsch der Amerikaner wollte ich ursprünglich in Postmünster drehen. Dort waren wir auch schon mit »Herbstmilch«. Ich dachte mir, Gemeinde Postmünster wäre schön, ist eine kleine Gemeinde, man muß nicht viel absperren. Ansonsten hätten wir von der Gemeinde überhaupt nichts gebraucht, eigentlich nur die Straße.

Ich ging zum Bürgermeister Klaus Wiedemann, um die Sache mit ihm zu besprechen und bei der Gelegenheit gleich auch noch den alten »Herbstmilch«-Streit zu begraben. (Im Zusammenhang mit den damaligen Dreharbeiten hatte es um Klaus Wiedemanns Vater Fritz, den ehemaligen Hitler-Adjutanten, Auseinandersetzungen gegeben.)

Mit Klaus Wiedemann kam ich eigentlich gut zurecht. Doch er wollte – oder konnte – mir in eigener Machtvollkommenheit die Drehgenehmigung nicht erteilen und informierte den Gemeinderat. Danach erhielt ich am 16. 3. 1990 von der Gemeinde Postmünster einen Brief, in dem es in schönstem Amtsdeutsch u. a. hieß:

»... Ihr Antrag auf Drehung verschiedener Szenen ›1945 – Einmarsch der Amerikaner in Niederbayern‹ in der Ortschaft Postmünster wurde vom Gemeinderat in seiner Sitzung am 14. 3. 1990 behandelt.

Der Antrag wurde mit 10/5 Stimmen abgelehnt ...«

Ich kenne inzwischen die Namen der »Neinsager«. Bürgermeister Klaus Wiedemann war dabei – und dann vor allem Johannes Riederer Freiherr von Paar. Er stand mit Sicherheit an der Spitze der Gruppe, die nicht vergessen wollte, daß im Film

50

und im Buch zum Film »Herbstmilch« wenig Schmeichelhaftes über den damaligen Hitler-Adjutanten und Postmünsterer Bürger Fritz Wiedemann gesagt wurde. – Man hält eben zusammen! Der Freiherr schrieb dann an die Lokalredaktion der »Passauer Neuen Presse« auch noch einen Leserbrief, in dem er sich wie folgt empörte:

»Rama dama«, das ist nicht nur der Titel eines neuen Films mit niederbayerischer Kulisse. Das ist auch der Schlachtruf der Vilsmaierschen Privatarmee, einer billigen Söldnertruppe, die sich für ein paar Maß Freibier unter das Kommando des Celluloid-Feldherrn gestellt hat. Auf musealen amerikanischen Militärfahrzeugen feiern die Maitage des Jahres 1945 traurige Urständ...

Beim Film »Herbstmilch« versuchten sie rücksichtslos, angesehene Bürger unserer Gemeinde zu desavouieren. Das ist ihnen dank gemeinsamer Abwehr weitgehend mißlungen...

Obwohl nach der Gemeindeordnung die Gemeinde als untere Verkehrsbehörde für die Benutzung ihrer Gemeindestraßen zuständig ist, wurde unser Beschluß mit der Erlaubnis für Dreharbeiten unter Polizeischutz vom Landratsamt überspielt. Zugegeben, die Erlaubnis war verbunden mit strengen Auflagen, Begrenzungen und genauen örtlichen Zuweisungen für die Vilsmaier-Truppe. Doch wer eine solche Streitmacht befehligt, nimmt zivilbehördliche Anweisungen nicht mehr ernst. Und letztlich hatte man ja auch noch gegen einige Leute dieser renitenten Gemeinde eine Rechnung zu begleichen.

Mit dem Schlachtruf »Rama dama« geht es dann auch querbeet bei einem Bauer in Gambach (Gemeindeteil Schalldorf) zum Aufmarsch nach Polding (Gemeindeteil Neuhofen). An die 20 Ketten-, Halbketten- und Radfahrzeuge werden ungefragt und rücksichtslos abseits der Straße in einer Wiese aufgefahren. Der sofortige Protest des Eigentümers wird pöbelhaft niedergeschrien. Von den Fahrern erklärt sich keiner als zuständig. Der Oberkommandierende Vilsmaier bleibt unauffindbar. Als er endlich auftaucht, wendet er sich nicht an seinen führungslosen Haufen, sondern mit unbeschreiblicher Arroganz an den geschädigten Grundbesitzer, der für ihn schon seit den herbstlichen Milch-Tagen ein Dorn im Auge ist.

Zur billigen Entschuldigung des Verantwortlichen, er hätte von dem Aufmarsch in unseren Fluren nichts gewußt – wofür er den Beweis aber schuldig blieb – kann ich nur sagen: Herr Vilsmaier, Panzer werden von vorne geführt und nicht aus der Etappe hinter den Kulissen...

Na, da wollte es der Freiherr dem »Celluloid-Feldherrn« aber mal zeigen! Doch glücklicherweise haben sich ja die Zeiten geändert, in denen – für »Groß-Deutschland« – »Panzer von vorn geführt« wurden.

Vorwiegend aus zwei Gründen habe ich auf diesen Leserbrief nicht geantwortet:

Formulierungen wie: »Schlachtruf der Vilsmaierschen Privatarmee« ... »billige Söldnertruppe« ... »mit dem Schlachtruf ›Rama dama‹ geht es dann auch querbeet« verraten ein Niveau, das mit der Sache und mit unserem Verhalten während der schwierigen Dreharbeiten nichts zu tun hat. Ich sah überhaupt keinen Anlaß, auf diesen indiskutablen Ton einzugehen.

Für die Meinung der Bevölkerung von Postmünster und Umgebung über uns und die Dreharbeiten ist jedenfalls der Freiherr von Paar nicht zuständig. Mit der Bevölkerung hatten wir nie irgendwelche Auseinandersetzungem. Im Gegenteil. Unsere Verhandlungen mit Bauern über die Benutzung von Waldstraßen im privaten Besitz liefen völlig reibungslos – vorher *und* nachher, wenn es darum ging, eventuell entstandene Fahrspuren auf Straßen, Feldern oder Wiesen zu beseitigen. Mit Panzern und Kettenfahrzeugen konnten bei Wendemanövern solche Spuren schon mal auftreten. Wir haben das mit den betreffenden Besitzern der Straßen oder der Felder in jedem einzelnen Fall zur Zufriedenheit geregelt.

Alle Bauern haben uns hervorragend unterstützt. Wir konnten

auf den Höfen unsere Zelte aufschlagen und mit der ganzen Mannschaft Mittag essen. Da wurden immer ein paar hundert Leute versorgt. Das Essen kam, auf einem Wagen, von Helmut Aigner, Gasthof Brunnenhof, dazu Gartentische und Holzbänke. Mit so vielen Leuten konnten wir ja nicht in eine Wirtschaft fahren.

Wir haben jede Unterstützung gehabt, die Leute kannten uns schon von den »Herbstmilch«-Dreharbeiten. Der Film hat ihnen auch sehr gut gefallen, so wurden wir überall mit offenen Armen empfangen.

Daß der Freiherr von Paar sich in so unqualifizierter Weise aufgeregt hat, ist meines Erachtens möglicherweise darauf zurückzuführen, daß sich das Landratsamt aufgrund meiner Argumente über den Beschluß der Gemeinde Postmünster hinweggesetzt und die Anfahrt unserer Fahrzeuge auf den Landstraßen zu unserem neuen Drehort genehmigt hat. Diese Ausschaltung der Gemeinde Postmünster, in deren Gemeinderat auch Johannes Riederer von Paar sitzt, scheint den Freiherrn und seine Gesinnungsfreunde tief ins Herz getroffen zu haben.

Wir konnten die in Postmünster vorgesehenen Szenen (»Einmarsch der Amerikaner«) dann auf dem Anwesen von Guntram Graf von Lösch in Gern drehen. Der Graf und seine Söhne haben alles getan, um uns unsere Arbeit zu erleichtern.

# Letzte Vorbereitungen vor den Dreharbeiten

Zu den Vorbereitungen in Niederbayern gehörte noch eine große Plünderungsszene. Kurz vor dem Einmarsch der Amerikaner 1945 hatte sich in Niederbayern – genau wie anderswo auch – die hungernde Bevölkerung aus Lagerhäusern der SS, in denen alles mögliche gehortet worden war, herausgeholt, was irgendwie brauchbar war, vor allem natürlich Lebensmittel und Kleidung.

Als »Lagerhaus« fanden wir eine alte Mühle, die wenige Wochen später abgerissen werden sollte. So konnten wir schalten und walten, wie es unser Drehplan vorsah.

Als erstes haben wir vom zweiten Stock bis zum Parterre herunter eine Holzrutsche gebaut, auf der unsere (Film-)Bevölkerung sich selbst und die »organisierten« Sachen vom obersten Stock des »Lagerhauses« nach unten befördern konnte, denn die Treppen waren ja nicht mehr benutzbar. Unsere Schreiner haben zwei Wochen an dieser Rutsche gearbeitet – und dann mußte sie doch wieder umgebaut werden! Der Neigungswinkel war zu steil; wir probierten das Abrutschen aus, um festzustellen, welches Tempo jemand »draufbekam«, wenn er einen Sack in der Hand hatte. Wir wurden hinausgeschleudert, was niemandem von unseren Komparsen zuzumuten war. Also mußte die Rutsche mit einer flacheren Neigung umgebaut werden. Das war schwierig, weil wir nur einen ganz bestimmten Raum zur Verfügung hatten.

Unsere Komparsen – alles Frauen und Männer aus Niederbayern, die auch schon in »Herbstmilch« mitgemacht hatten – mußten natürlich auch wieder entsprechend zeitgemäß eingekleidet werden; das bedeutete, »1945er« Hosen, Jacken, Kleider nähen zu lassen und per Lastwagen an den Drehort zu fahren.

Janina überall dabei . . .

Doch nicht nur das. Das »Lagerhaus« wollte auch gefüllt sein, wie damals bei der SS, mit alten Stiefeln, Filzschuhen, Kartons aus der Zeit mit Aufschriften Agfa oder PERSIL, Hunderten von Honigeimern usw. Das alles mußte entweder hergestellt oder besorgt und aus München oder aus der Umgebung zur Mühle, in unser »Lagerhaus«, transportiert werden.

Einen Luftschutzbunker, der für unsere Handlung in den letzten Kriegswochen 1945 besonders wichtig war, konnten wir mit Hilfe des Kreisverwaltungs-Referats in München ausfindig machen. Und zwar original in Trudering. Wir mußten innen fast nichts ändern; nur ein bißchen renovieren, etwas herrichten für damalige Zeiten. Da waren auch noch die Maschinen drin, um von außen Frischluft hereinzupumpen, Riesenkessel, an denen damals Frauen standen – mit einem Eisenhebel wie ein Leiterwagengestell – und pausenlos pumpten. Und zwar von Hand! Wir haben das selber probiert. Unsere Frauen, die das später in den Bunkerszenen machten, waren nach fünf Minuten erschöpft. Ein Beispiel mehr dafür, was Frauen in der damaligen Zeit zugemutet wurde.

Kopfschmerzen bereiteten uns bei den Vorbereitungsarbeiten noch die Münchner Straßenbahnen aus der Kriegs- und ersten Nachkriegszeit. Wir hatten praktisch alles Original-Motive, also brauchten wir auch Original-Straßenbahnen mit den damaligen Aufschriften. Da konnten uns die Münchner Stadtwerke helfen; in München gibt es in den Depots noch alte Straßenbahnzüge aus den vierziger Jahren. Die Frage war nur: Wo konnten die fahren, wo war der Hintergrund?

Zerstörter
Straßenbahnwagen
in der Arnulfstraße
(23. 9. 44)
Foto: Stadtarchiv
München

Ich konnte doch solch eine Straßenbahn nicht durch das heutige München fahren lassen. Einen entsprechenden Hintergrund hätte es schon noch gegeben – einen einzigen: den Hofbräukeller in der Äußeren und Inneren Wiener Straße. Aber das hätte alles einige hunderttausend Mark gekostet – die Instandsetzung der Bahn, die Bevölkerung »auf Achse«, alle Menschen waren ja damals unterwegs, die Straßenbahnen waren übervoll, Menschentrauben hingen außen dran, innen war alles vollgepackt mit Rucksäcken – das hätten wir in München nicht bezahlen können. Wir sind dann – wie schon berichtet – nach Prag ausgewichen.

# Theresa »erscheint« drei Wochen früher

Unser erster Drehtag war – völlig unerwartet – die Geburt meiner Tochter Theresa, die im Film als die Geburt des zweiten Kindes der Kati Zeiler zu sehen ist. Wir mußten vorab drehen, weil die eigentlichen Dreharbeiten für den Film erst Anfang 1990 begonnen haben.

Als uns Prof. Dr. Weißenbacher vom Klinikum Großhadern grundsätzlich die Drehgenehmigung erteilt hatte – wir wußten das Geburtsdatum nur ungefähr –, sind wir drei Wochen vorher mit zwei Kameraausrüstungen ins Krankenhaus gefahren, um auszuprobieren, wie man den heutigen Kreißsaal in einen Schulraum in Niederbayern »umfunktionieren« konnte, in dem das Kind zur Welt kommen sollte: andere Bettbezüge, Betten, Nachttischlampen, Nachtkästchen aus der Zeit um 1945 und so weiter. Unsere Hauptdarstellerin, meine hochschwangere Frau Dana, fuhr mit, um sich das alles anzusehen; unter Umständen wollten wir auch einiges vorab drehen, vielleicht ein Gespräch zwischen Arzt und Mutter, weil das während der Geburt nicht mehr möglich gewesen wäre.

Wir richteten also alles ein und brachten zwei Kameras mit, die in einen Schrank kamen, damit es dann gleich losgehen konnte – so in drei Wochen ungefähr. Ich unterhielt mich länger mit Prof. Weißenbacher darüber, was in einem Notfall geschehen müßte. Im Ernstfall müßten alle unsere Handgriffe mit den Kabeln und der Kamera »sitzen«. Wir probierten das aus und wollten bei der Gelegenheit gleich noch einiges vorab drehen. Also gingen wir mit dem Professor in den Friseursalon des Klinikums im ersten Stock, wo ihn unser Maskenbildner »auf 1945« zurechtmachte, ihm die Haare schnitt, ihm eine Nickelbrille verpaßte und ihm einen Bart anklebte. Wir haben fürchterlich lachen müssen, doch der Professor nahm's mit Humor – den er sowieso hat. Schön wär's, wenn es viele Ärzte mit solch heiterem Gemüt gäbe.

Dann kam eine der Hebammen des Professors dran: Frau Himmel, sie spielt im Film die Chefhebamme, erhielt eine entsprechende Schürze, einen Hakenkreuzstern am Kragenknopf, einen Schutz aus Gummi, wurde also auch »auf 1945« verkleidet.

Meiner Frau ging es ausgezeichnet. »Also wenn ich noch länger hierbleibe«, scherzte sie mit mir, »kriege ich heute noch mein Kind!«

»Na, wenn du schon da bist«, lächelte Weißenbacher, »untersuchen können wir dich ja in jedem Fall. Ich fahre nächste Woche nach Amerika zu einem Kongreß, bleibe aber nur ein paar Tage, ist also kein Problem, die Kleine kommt ja erst in drei Wochen. Also – packen wir's . . .«

Dana blieb lange weg, sicherlich eine Stunde. Ich wurde unruhig. Bevor ich *sie* dann wiedersah, erschien der Professor. »Joseph, paß auf«, sagte er breit grinsend, »die Dana muß hierbleiben, die Geburt . . . der Muttermund ist schon zwei Zentimeter offen.«

Ich dachte, der scherzt wieder mal, wie schon so oft. Jetzt kam Dana. »Kannst dich gleich ausziehen«, meinte Weißenbacher fröhlich zu ihr, »leg dich ins Bett – Theresa kommt . . .!«

Ich glaubte das immer noch nicht. Drei Wochen vorher – und wir waren heute doch mehr zufällig hier. Dana hatte auch nichts dabei, kein Nachthemd, nichts.

Inzwischen wurde ein Kreißsaal freigemacht, und Dana mußte ins Bett. Prof. Weißenbacher informierte vorsorglich seine Kollegen für den Fall, daß irgend etwas passieren sollte. Wir richteten den Kreißsaal wieder »auf 1945« her und bauten die Kameras auf.

Obwohl das nun eigentlich alles schon recht ernst aussah, mußten wir immer wieder lachen – die anderen allerdings auch. Wir lachten, weil wir immer noch glaubten, der Professor wolle uns einen Bären aufbinden – und Weißenbacher, seine Kollegen und die Schwestern lachten, weil sie es besser wußten.

Dana bekam zwischen drei und vier Uhr nachmittags Wehen. Und um 17 Uhr 30 war Theresa auf der Welt – ohne irgendwelche Komplikationen.

Es war sehr bewegend. Ich war schon bei der Geburt unserer ersten Tochter Janina dabei (damals hatte ich nicht gedreht). Man denkt im Laufe der Schwangerschaft öfter daran, was alles passieren könnte, und hofft, daß es ein gesundes Kind wird. Aber kurz vor der Geburt, wenn man den Kopf schon sieht, schmerzt der Gedanke fast körperlich: Hoffentlich hat es alle Gliedmaßen, hoffentlich fehlt ihm nichts, hoffentlich ist es gesund . . .! Ich hatte richtig Angst.

Theresa –
»etwas später« . . .

Durch die Kamera entstand noch zusätzliche Spannung. Es sollte ja alles »richtig draufkommen«, es war ein einmaliger Vorgang – und die Geburt in unserem Film hatte eine besondere Bedeutung.

Als Theresa da war und Dana in die Arme gelegt wurde, war's

auch mit uns »harten Männern« vorbei. Uns standen die Tränen in den Augen.

Ein besonderes Erlebnis während der drei, vier Stunden war für mich noch die Verbindung zwischen der werdenden Mutter und der Hebamme. Da enstand eine ganz eigene menschliche Beziehung zwischen den beiden. Wahrscheinlich ist das immer so. Die Hebamme ist für die Mutter in diesen Stunden die engste Vertraute. Frau Himmel nahm Dana immer wieder bei der Hand, als wäre *sie* jetzt ihre Mutter. Sie hat gar keine Angst aufkommen lassen, war immer besänftigend.

Während ich das beobachtete, kam mir zum erstenmal der Gedanke, daß einer Hebamme ihr Beruf doch sehr viel geben muß – immer wieder helfen können, daß neues Leben entsteht ...

Prof. Dr. Ernst Rainer Weißenbacher:

# Bei einer Entbindung soll heutzutage nichts mehr passieren…

Die kleine Theresa Vilsmaier, deren Geburt für »Rama dama« aufgenommen wurde, richtete sich nicht nach dem vorgesehenen Termin. Sie »erschien« rund drei Wochen früher – zur Überraschung aller direkt und indirekt Beteiligten, zu denen auch Prof. Weißenbacher gehörte, der Theresas Mutter Dana Vavrova während einer Vorbesprechung für die »Rama dama«-Aufnahmen im Münchner Klinikum Großhadern eigentlich mehr routinemäßig untersuchte und dabei feststellte, daß »es soweit war«. Jetzt mußte nicht nur weit eher als geplant der Kreißsaal des Klinikums zu einem Entbindungsraum des Jahres 1945 »umfunktioniert« werden, auch der Universitätsprofessor Dr. med., Dr. med. habil. Ernst Rainer Weißenbacher, Oberarzt in der Frauenklinik des Klinikums München-Großhadern, »verwandelte« sich mit seiner Hebamme Gertraud Himmel in »Geburtshelfer« der damaligen Zeit, um im Film die zweite Tochter der von Dana Vavrova gespielten Kati Zeiler zu entbinden.

Die Schwierigkeit bei der für uns alle überraschenden Situation war folgende: Auf der einen Seite sollte alles so aussehen wie 1944/45, auf der anderen Seite mußte aber für Mutter und Kind optimale Sicherheit bestehen. Das war aus meiner Warte schwer zusammenzubringen – Sicherheit für die Mutter, Sicherheit für das Kind mit den für die »Rama dama«-Szenen dargestellten Methoden von 1945.

62

Wir lösten das so, daß wir hinter einem Paravent, vor dem die Geburt stattfand, alle modernen Maschinen laufen ließen – allerdings nur mit Gehör, so daß wir die Herztöne akustisch überwachen, also jederzeit hören konnten, wann die Herztöne des Kindes schlugen und wann nicht. Die dafür notwendige Elektrode wurde am Kopf des Kindes befestigt und an der Seite so herausgeführt, daß sie für die Kamera nicht zu sehen war, wir aber eine optimale Überwachung des Kindes hatten. Außerdem hatten wir zur Zeit der Geburt für einen eventuellen Kaiserschnitt oder andere unvorhergesehene Gegebenheiten die gesamte Operationsmannschaft in Bereitschaft, also Operationsschwester, Ärzte, Anästhesisten, Zusatz-Hebammen usw., die vor der Tür standen. Die Kameras hätten wir notfalls mit sterilen Tüchern abgedeckt, denn die hätte man bei einer eventuellen Operation nicht so schnell herausbringen können.

Hebamme Gertraud Himmel, Dana Vavrova und Prof. Dr. Weißenbacher bei Synchronaufnahmen für die Geburtsszenen in »Rama dama«.

Alle Vorsichtsmaßnahmen aber waren glücklicherweise überflüssig, Dana Vavrova bekam ihr Kind wie eine Frau im Jahr 1945 – ohne irgendein Hilfsmittel, ohne Schnitt, ohne Schmerzmittel, völlig natürlich und problemlos.

Nicht alle Geburten verlaufen ohne Komplikationen – auch

heute nicht. Allerdings darf – so die allgemeine Anspruchs-
und Erwartungshaltung – bei einer Entbindung heutzutage
nichts mehr passieren. Eine Entbindung birgt aber in sich eine
Gefahr für Mutter und Kind. Die moderne Medizin ist deshalb
darauf ausgerichtet, möglichst Schäden von Mutter und Kind
schon in den Frühphasen abzuhalten. Es ist oft schwierig, einen Mittelweg zu finden zwischen den individuellen Wünschen der Eltern und absolutem Sicherheitsdenken. Schäden
bei der Geburt werden ja nicht mehr – wie früher – schicksals-
mäßig hingenommen, so werden alle Mittel der modernen Medizin eingesetzt, um schon Frühschäden zu verhindern. Das
fängt bei der sorgfältigen Schwangerschaftsberatung und
-untersuchung an; schon hier können im Gegensatz zu früher
mit Ultraschall u. ä. m. viele Störungen oder Erkrankungen er-
kannt und behoben werden – und das setzt sich dann im
Kreißsaal mit einer kontinuierlichen Überwachung der Geburt
fort.

Trotz aller für die Sicherheit von Mutter und Kind unent-
behrlichen Apparate steht auch heutzutage der Mensch bei jeder Geburtshilfe im Vordergund. Die Zuneigung des Arztes
und die menschliche Wärme der Hebamme sind für jede Frau
unverzichtbar.

Gertraud Himmel, Hebamme:

# Auch nach 30 Berufsjahren immer wieder ein Wunder

Gertraud Himmel, die Hebamme in »Rama dama«, hat ihr Hebammen-Examen 1961 gemacht und seitdem Tausende von Kindern auf die Welt gebracht. Mit der früheren Erscheinung einer Hebamme, die ins Haus kam und dort die Entbindung vornahm, hat sie – nicht nur äußerlich – nichts mehr zu tun. Nach dreißigjähriger Berufserfahrung würde sie eine Hausgeburt auch nicht mehr leiten wollen.

Die heutigen Vorsorgemöglichkeiten in Verbindung mit einer Klinik sind so vielfältig und umfassend, daß ich persönlich es für unverantwortlich hielte, sie nicht wahrzunehmen. Wenn ein Kind z. B. Sauerstoffschäden erlitten hat und dann nicht innerhalb kürzester Zeit notfallmäßig geholt wird, fallen Gehirnzellen aus, es entstehen irreparable Schäden. Die sind mit der »häuslichen Atmosphäre« einer Geburt in der Wohnung nachträglich nie mehr aufzuwiegen. Sicher schläft man im eigenen Bett besser, aber daß man sich wohl fühlt, hängt ja auch damit zusammen, daß man sich gut betreut und gut aufgehoben weiß.

Seit einiger Zeit wird die sogenannte ambulante Geburt stärker in Anspruch genommen als bisher. Die Frau bekommt ihr Kind im Krankenhaus, wird noch drei bis vier Stunden beobachtet, das Kind kriegt seine erste Vorsorgeuntersuchung, und Mutter und Kind fahren anschließend nach Hause. Die Mutter wird in den ersten zehn Tagen nach der Geburt von der Hebamme versorgt, d. h. die Hebamme kommt einmal am Tage, kümmert sich um das Kind, badet es, regelt Ernährungs- und Stillfragen und schaut, wie die Rückbildungsvorgänge bei der

Mutter verlaufen. Das ist, meine ich, eine ganz interessante Lösung auch für die Zukunft, nicht zuletzt deshalb, weil so auch Kosten im Gesundheitsbereich gespart werden können. Eine Wöchnerin ist im Grunde ja eine gesunde Frau, und ein Klinikbett kostet – nicht nur in Großhadern – sehr viel Geld!

Ich verstehe meinen Beruf so, daß ich eine Frau in der Schwangerschaft im Wochenbett begleite und ihr sage, was zu tun ist. Denn in dem Moment, wo eine Geburt für den Mediziner wichtig wird, wo man einen Arzt braucht, ist es eigentlich schon Notfall-Medizin, dann brennt's. Bei Komplikationen geht es sofort um zwei – um das ungeborene Kind und um die Mutter. Da hat man die Verantwortung mehr oder weniger dem Arzt übergeben. Man ist zwar noch Anwalt für Mutter und Kind, aber die Verantwortung trägt dann der Arzt.

Was sich bei jeder Geburt zwischen der Hebamme und der Mutter, zwischen zwei Frauen also, die sich vorher nicht gekannt haben, an Beziehungen aufbaut, das ist für Außenstehende sicherlich nicht nachvollziehbar. Und es ist auch für mich nach 30 Berufsjahren immer wieder beeindruckend, immer wieder eine Art Wunder.

# Im Bunker ist sofort alles wieder da

Der zweite Komplex, den wir auch vorab drehten, spielte im Luftschutzbunker – für viele damals mit der Hoffnung verbunden, daß sie in solch einem Bunker vor Bomben sicher waren und so ihr Leben erhalten konnten (obwohl in den Kriegsjahren auch Kinder in Luftschutzbunkern geboren wurden, also auch in diesen Betonklötzen neues Leben entstand).

Der Bunker stand, wie schon erwähnt, in Trudering, original wie damals und noch nicht, wie andere, zum Getränkemarkt oder Freizeitzentrum umgebaut.

Schon die Besichtigung war beklemmend, die Treppenaufgänge bedrückend, bedrohend fast, geisterhaft die Räume, deren Wände – mit Phosphorfarbe bestrichen – in der Dunkelheit leuchteten, genau wie die Pfeile in den Gängen, die bei ausfallender Beleuchtung nach draußen wiesen. Und unwirklich die langen, eineinhalb Meter konisch durch den Beton getriebenen Scharten. Unwillkürlich gellten mir wieder die Geräusche von einem Luftangriff in den Ohren, die wir uns vom Bundesarchiv in Koblenz auf Band besorgt hatten.

Bei den Vorarbeiten mußten wir darauf achten, daß niemand in den Bunker hereinkam. Es war nämlich eiskalt. Wir konnten unsern Atem sehen. Frauen und Kindern war das beim Drehen nicht zuzumuten. So ließen wir den Bunker durch eine Heizungsfirma drei Tage lang heizen – mit Öltanks vor dem Bunker. Die Wach- und Schließgesellschaft mußte Tag und Nacht aufpassen, daß an den Tanks nichts passierte. Kaputte Lichtleitungen mußten repariert und die total verrosteten Frischluftpumpen in Gang gesetzt und so gestrichen werden wie damals.

Wir hatten etwa 150 bis 200 Komparsen, hauptsächlich Frauen, Kinder und ältere Männer. Die meisten – oder viele von ihnen – hatten die Zeit noch erlebt. Die Originalatmosphäre des Bunkers trug zusätzlich dazu bei, daß die Erinnerung sofort wieder wach wurde. Mütter nahmen ihre Kinder an den Händen, streichelten sie, weinten, viele hatten wieder lebhaft vor Augen, wie das damals war, als sie vor den Bomben flohen und versuchten, in diesen oder in einen anderen Bunker hineinzukommen – um jeden Preis, ohne Rücksicht auf andere, jeder war sich selbst der Nächste, mußte es sein, denn draußen fielen die Bomben.

Nach Drehschluß, nach einem Zehnstundentag, bemühte ich mich beim gemeinsamen Abendessen, die Leute wieder zurückzuholen in unsere Welt. Jeder war in sich gekehrt – zehn Stunden lang Angriff und Bunker »spielen«, das hatte sie mitgenommen . . .

# Demonstranten stürmen »Münchner Straßenbahn« auf dem Prager Wenzelsplatz

Bei unseren weiteren Dreharbeiten mußten wir uns in erster Linie nach den schon erwähnten Abrißterminen an unserem Hauptmotiv in Prag richten. Wir pendelten zwischen München, Prag und Niederbayern. Das erforderte schon Generalstabsarbeit.

Das »Trümmerviertel« im Außenbezirk von Prag lag nicht weit vom Stadtrand weg und war sehr geräumig. Hier drehten wir u. a. eine Montage, die in »Rama dama« einen Rückblick auf die damalige Zeit vermittelt. Die Montage dauert drei Minuten und ist mit einer ebenfalls drei Minuten langen Musik von Lionel Hampton, einer Originalaufnahme von 1946 aus New York, unterlegt, vom »Sound« her gewissermaßen der genaue Kontrapunkt zu den Montagebildern aus der damaligen Zeit: alte Frauen, die Kinder mit Kartoffeln füttern, eine Schulspeisung, Bettler auf der Straße, einstürzende Häuser, alte Leute, die aus Trümmern gezogen werden, Kippensammler, Trümmerfrauen, die schaufeln und Steine klopfen. An dieser aufwendigen, dreiminütigen Montage haben wir praktisch zwei Wochen gedreht!

Als wir zwei Wochen später wieder nach Prag kamen, sah unser »Montage-Viertel« total anders aus, als wenn Bomben gefallen wären – die Abrißfirma war tätig gewesen. Und wieder zwei Wochen danach war das teilweise schon planiert.

Trümmer waren also genügend vorhanden. Trotzdem mußten wir noch ein paar hundert Lastwagen Schutt und Asche ins Motiv fahren lassen. Als es dann richtig losging – mit den Dialogen usw. –, standen wir plötzlich vor der Frage: »Wo fangen wir denn jetzt an?« Denn die Umgebung mußte – z. B. nach einem halben »Film-Jahr« – mit den Dialogen übereinstimmen, es mußte ein bißchen aufgeräumt sein u. ä. m. Das bedeutete, daß Hunderte von Kubikmetern Erde, Schutt, Asche versetzt werden mußten. Und wir konnten ja wiederum nicht drei Tage rumstehen und warten, bis das erledigt war. Dies ging daher nur am Wochenende oder nachts. Es wußte ja keiner, wie lange man brauchte, um auf einer Strecke von – sagen wir: 100 Metern – Schutt wegzuräumen. Für uns bedeutete das, daß wir am nächsten Tag manchmal erst recht spät wieder anfangen konnten und dann bis in die Nacht hinein drehen mußten, damit wir einigermaßen in der Zeit blieben. Trotz allem hat das, bis auf kleine Ausnahmen, sehr gut funktioniert.

In unserem »Trümmerviertel«, also in den zum Teil recht großen Häusern, die zum Abbruch vorgesehen waren, konnten wir auch unsere Garderobe unterbringen, unsere Maske und unseren Kamera-Park. Gleich daneben stand eine ganz alte Kneipe, die auch abgerissen werden sollte. Wir baten die Besitzerin, noch drei Monate länger aufzulassen. Das hat sie getan. Die Frau war von morgens bis nachts für uns da, gleichgültig, ob wir nach dem Drehen spät oder um fünf Uhr früh kamen. Außerdem gab's an der Ecke noch eine alte Wirtschaft, in der für uns gekocht wurde. Wir waren richtig unabhängig. Wir hatten am Drehort alles innerhalb von einem Kilometer.

Nur die Szenen mit der Straßenbahn mußten wir außerhalb der Innenstadt drehen. Dafür wurde an einem Samstag von zwölf Uhr mittags bis ein Uhr nachts ein ganzer Straßenzug gesperrt, damit unsere Straßenbahn fahren konnte. Die Stadtwerke haben für die Bewohner des Viertels Omnibusse als Ersatz zur Verfügung gestellt.

Mit dieser weiß-blau gestrichenen, mit dem Münchner Stadtwappen und den damaligen englischen Bezeichnungen versehenen Straßenbahn ist uns noch eine aufregende Geschichte passiert:

Der Wagen mußte vom Straßenbahndepot am anderen Ende der Stadt durch die ganze Innenstadt zu unserem Drehort fahren – mit original Münchner Schaffner. Die damaligen Nachkriegs-

70

Uniformen hatten wir ebenso mitgebracht wie die früheren Behelfs-Haltestellen für unsere Thalkirchener »Film-Straße«.

Auf dem Weg vom Depot zu unserer »Thalkirchener Straße« in Prag mußte der Wagen auch über den Wenzelsplatz fahren. Dort fand gerade eine Demonstration demokratischer Gruppen statt, in der der Straßenbahnwagen steckenblieb. Der Wagen trug die Nummer 10 (wie die damalige Linie durch die Münchner Thalkirchener Straße). In Prag stand gerade die Kommunistische Partei auf dem Listenplatz 10. Die Demonstranten nahmen also an, daß der Wagen Werbung für die Kommunisten fuhr, umzingelten ihn und wollten ihn »kippen«. Wir erfuhren das über Funk und schickten sofort tschechische Mitarbeiter von uns los, die die Demonstranten über Megaphon aufklärten. Die Leute waren dann einsichtig; der weiß-blaue Wagen mit Münchner Stadtwappen und englischer Beschriftung kam ihnen jetzt wohl auch komisch, in jedem Fall nicht mehr kommunistisch vor.

Die Szenen mit dem Straßenbahnzug in unserer »Thalkirchener Straße« waren sehr eindrucksvoll. In jedem Waggon waren ungefähr 100 Leute, zusammengepfercht mit Rucksäcken und alten Koffern, andere draußen – wie es halt eben damals war.

Erstaunlicherweise haben sich Komparsen und Mitarbeiter mit diesen Motiven aus der damaligen Zeit fast übergangslos identifizieren können – mit den alten Klamotten, mit den Rucksäcken, Koffern usw. Das war damals nicht nur in Deutschland so, eigentlich, mit Unterschieden natürlich, in ganz Europa.

Die an unseren Drehorten plötzlich wieder auflebende grausame Kriegs- und Nachkriegsatmosphäre hat die Älteren unter unseren Komparsen sofort mitgerissen – und die Jüngeren wollten zunächst gar nicht glauben, daß es das mal gegeben hat. Aber alle waren beeindruckt, sie vergaßen oft, daß das »nur« ein Film war. Nicht nur mit der Straßenbahn, auch mit unserer »Rama dama«-Bahn, also mit einem der Lorenzüge, wie sie früher in München direkt nach dem Kriege fuhren, hat es Überraschungen gegeben.

**Moment-aufnahmen von den Dreharbeiten – Prag**

Die Lokomotive bedienten zwei Männer. Einer hatte sich die Haare nicht kurz schneiden lassen, so daß er sich immer auf den Boden legen mußte, wenn die Lok durchs Bild fuhr.

Eines Morgens sagte ich den Leuten, daß ich die Bahn in einer Stunde brauchte. »Das mußt du zwei Tage vorher anmelden«, meinte der mit dem langen Haar. »Sechs Stunden müssen wir die Lok ja allein erst mal anheizen, bevor die den ersten Schnaufer macht!«

Die Lorenbahn wurde hoch beladen mit Trümmern, hauptsächlich aber mit Ziegelsteinen, die damals zum Wiederaufbau verwendet wurden. Wie seinerzeit die Trümmerfrauen machten das unsere Komparsinnen, lediglich ein paar alte Männer halfen.

Am Anfang fiel denen das natürlich schwer, in solch einem Trümmerfeld zu stehen und da richtig anzufassen, die Ziegel weiterzugeben und so weiter. Die Frauen waren das ja nicht mehr gewöhnt. Doch sie haben stundenlang gearbeitet, die Loren gefüllt, und auf einmal hatten sie die Sache im Griff. Ich habe versucht, ihnen die damalige Atmosphäre zu vermitteln: »Ihr seid jetzt hier nicht beim Friseur, ihr seid 1945/46 in München, ihr seid Trümmerfrauen . . .« Das war nicht so einfach. Bei manchen ging's gar nicht. Die mußte ich eben austauschen. Die Älteren haben natürlich sofort gewußt, was ich meinte, und haben auch hingelangt. Ob die Hautfetzen flogen oder nicht, war ihnen egal. Aber für die Jüngeren war's eben fast exotisch, die hatten ja so etwas noch nie gesehen. Die fragten mich: »War das wirklich so?« Da lagen also die Sachen drunter, unter diesen Trümmerhaufen, alles Hab und Gut, und das mußte man rausholen, retten, was zu retten war, mit abgerissener Haut, mit schmerzenden Knochen am ganzen Körper.

Abends, nach zehn Stunden Schufterei, waren die Leute fertig.

Unserem Motiv kam noch sehr zugute, daß wir alles original drehen konnten – innen und außen, eben auch innen. Um bombardierte Wohnungen zu zeigen, konnten wir die Mauern raushauen, weil wir ja wußten, daß das alles hinterher abgebrochen wird.

Im Zusammenhang mit den Mietern dieser Wohnungen in unserem Film gibt es noch eine schöne Geschichte: Leni, im Film die Freundin unserer Hauptfigur Kati Zeiler, ist mit einem amerikanischen GI befreundet, der William heißt. Sie nennt ihn laut Drehbuch »Burli«. Und eine Bekannte von mir hat 1947 einen schwarzen Besatzungssoldaten geheiratet. Die leben seitdem glücklich in Chicago und haben inzwischen drei große Kinder. Der Mann ist ein Hüne von einem Neger, sie dagegen eine ganz zierliche Frau, und sie nennt ihren Zweimetermann »Burli«! Das hat mir immer sehr gefallen, und ich hab's für unseren Film-Schwarzen übernommen. Der heißt eigentlich Alex und ist der berühmteste Pantomime in der Münchner Fußgängerzone. Dort lernte ich ihn auch kennen und hab' ihn eigentlich vom Fleck weg engagiert, so begeistert war ich. Alex pendelt zwischen Kanada, New York, Paris und München hin und her und ist als Pantomime weltbekannt. Manche wollten mir einreden, daß ich für unseren Film-Burli einen schwarzen Darsteller nehmen sollte. Ich hab's nicht getan und bin mit Alex großartig zurechtgekommen. Er ist ein Naturtalent – auch als Schauspieler und Sänger.

Der Regisseur, »Leni« und »Burli« bei einer Tanz-Probe

# Hamsterer bieten für Butter Brillanten

Zurück in Niederbayern, drehten wir noch die Szenen, in denen Kati und Hans 1946 auf Rädern zum »Hamstern« fahren und dabei mitkriegen, wie auf dem Dorf »schwarz« geschlachtet wird.

Zum »Hamstern« konnte ich aus meiner eigenen Erinnerung einiges beitragen: Ich habe Hamsterer in Niederbayern als Zehnjähriger auf den Höfen meiner Großeltern erlebt, wie sie mit ihren Rädern und ihren Sachen kamen, und was sie zum Tausch gegen Lebensmittel angeboten haben – vom Lichtschalter bis zum Kamm. Sie waren froh, wenn Oma ihnen frisch gemachte Butter aus dem Faß gab und vielleicht ein Stück Brot sowie ein Ei. Sie hat das immer ein bißchen eingeteilt, jeder hat eben etwas bekommen, aber wenig. Denn an einem Tag kamen manchmal bis zu 20 Hamsterer. Ich habe auch die andere Seite erlebt. Wenn wir nicht nach Niederbayern fahren konnten – oder nach Franken zu meiner Mutter –, dann sind wir nach Freising geradelt und haben ein paar Höfe abgeklappert.

Vor zwei Jahren lernte ich einen Bauern kennen – er ist inzwischen 86 –, der mir erzählt hat, daß er Haus und Ställe gewissermaßen bis unter die Decke voll hatte. Die Bauern waren damals ungeheuer reich, ohne daß sie es eigentlich wollten. Die hungernden Leute aus der Stadt gaben fürs Essen alles her, Gold, Ringe, was auch immer. Zum Schluß, meinte der Bauer, wollte er nur noch Brillanten nehmen. Ich habe selbst gesehen, daß Kühe im Stall teilweise auf Teppichen standen. Aber die meisten der Bauern haben sich nach diesem Reichtum nicht gedrängt. Was sollten sie mit Ringen oder Teppichen auf dem Feld? Sie hatten ihr Essen und Trinken und waren zufrieden damit. Es gab selten einen, der Hamsterern aus der Stadt die Türe gewiesen hat.

»Schwarz« schlachten – also mehr schlachten, als »amtlich zugelassen« war – war damals durchaus üblich. Diese Szenen in »Rama dama« haben einen absolut realistischen Hintergrund. Alle Bauern haben »schwarz« geschlachtet. Das Problem war immer nur, daß man das Quieken des Schweins draußen nicht hören durfte. Denn andere – Polizisten, sonstige »Amtspersonen« oder auch amerikanische Militärstreifen – durften das nicht mitkriegen. Da waren die Bauern erfinderisch. Mein Onkel zum Beispiel trieb damals einer Sau einen riesigen, aus einem Wein-

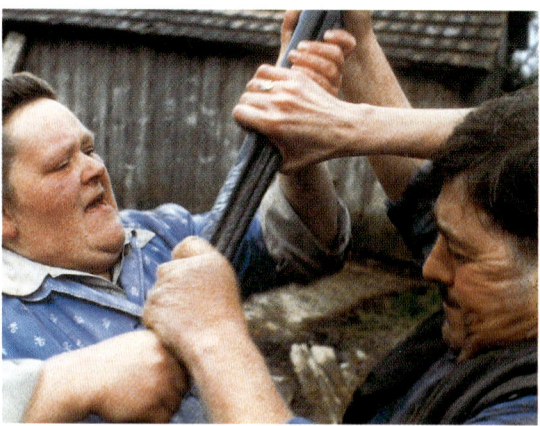

**Leo und Traudl Speer** sind – nach »Herbstmilch« – auch in »Rama dama« wieder dabei. In einer Szene – s. l. – streiten sie darüber, ob sie vor den Amerikanern ein Gewehr verstecken sollen oder nicht.

In einer anderen Szene hat Leo (»Leppi«) Speer als Kutscher große Mühe, inmitten einmarschierender Amerikaner die hochschwangere Kati auf seinem Leiterwagen noch rechtzeitig ins Krankenhaus zu bringen. »So ein Verkehr heute«, stellt er trocken fest, »lauter Infanterie und Neger...«

Leo Speer – er eröffnete mit seiner Familie auf seinem Hof im niederbayerischen Mitterrohrbach ein über die Grenzen hinaus einmaliges Traktoren-, Dampfmaschinen- und Bulldog-Museum – hat faß stammenden Korken-Stöpsel ins Maul, damit sie nicht schreien konnte, und stach sie dann ab. In unserem Film steckt der Bauer, bei dem Kati und Hans hamstern, seine geschlachtete Sau in einen Sarg, in einen alten Holzsarg. Da wäre natürlich kein »Kontrolleur« drauf gekommen. – Auch eine wahre Geschichte übrigens. Unsere Bauern, Bäuerinnen und Kinder auf dem Hof wurden von den Leuten dort selbst gespielt. Die haben alle ein erstaunliches Talent. Sie verstellen sich nicht und haben überhaupt keine Scheu vor der Kamera.

für seine Traktoren-Leidenschaft schon öfter hart zahlen müssen. So heißt es in einem Zeitungsbericht über eine frühere Gerichtsverhandlung, in der »Leppi« die Hauptperson war, u. a.:

Freimütig gesteht Leopold, auch diesmal wieder mit seinem Traktor ohne Führerschein gefahren zu sein. Er habe zum Arzt müssen, sagt er. Gehen könne er nicht gut, gefahren habe ihn niemand, also habe er seinen Traktor benützt. »Ich hab halt gmoant, ich bin im Recht, weil ich nicht gehen kann«, verteidigte er sich. »Ja glauben Sie denn, daß jeder, der nicht gehen kann, ohne Führerschein fahren darf?« fragt der Richter. »Des net, aber i hab halt glaubt, bei mir gibt's da a Ausnahme«, erklärt Leopold. Er legt dem Richter ein Modell seines Traktors vor und erzählt, das Fahrzeug sei schon so alt, daß es gar nicht mehr schnell geht; ein »altes Glump«, das die Bauern gar nicht mehr haben wollen...
Der Vertreter der Anklage, Justizamtmann Reinisch, wies darauf hin, daß hier ein besonderer Fall vorliege, dennoch müßten auch für diesen Angeklagten die Gesetze gelten. Der Strafantrag lautete auf 200 DM, ersatzweise zehn Tage Gefängnis. Ob der Traktor eingezogen werden solle, stellte er ins Ermessen des Gerichts.

Als »armen Teufel« bezeichnete der Verteidiger, Rechtsanwalt Kopp, seinen Mandanten. Er hob hervor, daß es hier mehr um ein menschliches als um ein rechtliches Problem ginge.
Dann hatte Leopold noch das letzte Wort. »Mei, Herr Richter«, erklärte er, »i bin halt a guter Kerl und wenn wer sagt, ich soll für ihn fahren, so tu ich's. Wenn der Herr Richter sagt, ich soll für ihn Kies fahren, so fahr ich halt, denn er is ja a a armer Teifl.« Und Leopold demonstrierte sein gutes Herz und seine Sympathie, indem er dem Gericht sein Traktormodell schenken wollte – zum Andenken halt...

# GIs und deutsche Mädchen tanzen wie in alten Zeiten

Bei München drehten wir dann noch Szenen, in denen der GI »Burli« mit seiner deutschen Freundin Leni in einen sogenannten »Ami-Club« geht. Sie nehmen eines Abends auch Kati mit, die dann von dem eifersüchtigen Hans mit großem Krach aus dem Club herausgezerrt wird. In solchen Clubs für GIs sind damals tatsächlich erste heftige Kontakte zwischen amerikanischen Besatzungssoldaten und »deutschen Fräuleins« geknüpft worden.

In Erding funktionierten wir die heute noch in der dortigen Bundeswehr-Kaserne bestehenden Club-Räume auf »Ami-Club 1946« um. Dabei war uns Billy Gorlt sehr behilflich, der in unserer Film-Band spielt und damals vier oder fünf Jahre bei den Amerikanern in Erding gespielt hat (siehe hierzu auch Kapitel: »Zeitzeugen erzählen«). Von ihm kam auch der Tip, daß wir dort drehen könnten.

Für die Szenen im Club engagierten wir – wie vorher schon beim »Einmarsch der Amerikaner« – wieder amerikanische Soldaten. Sie kamen in Omnibussen aus Bad Tölz, Mannheim, Augsburg und München. Wir sagten uns, wenn schon ein original amerikanischer Club, dann auch original Amerikaner. Die schauen doch anders aus und haben eine andere Mentalität als deutsche Komparsen.

Die Soldaten besorgte mir Mr. Magill, ein ehemaliger US-Oberst, der jetzt in Deutschland lebt. – Die US-Boys haben großartig mitgemacht, ließen sich – sofern noch erforderlich – ohne Murren die Haare kürzer schneiden und haben mitgespielt, daß es eine wahre Freude war.

Wir hatten ungefähr 200 Amerikaner und 100 deutsche Mädchen, alle in 1946er Uniformen und Kleidern der damaligen Zeit. Unsere Maskenbildner Ruth Philipp und Heiner Niehues fingen zwischen fünf und sechs Uhr früh an. Wir mußten unsere Dreharbeiten an diesem Tag schaffen, weil wir nicht länger in die Club-Räume durften. Unsere Maskenbildner und die Garderobiere Sabine Schmitt arbeiteten also ab fünf Uhr morgens, um zehn Uhr konnten wir anfangen zu drehen. Ich sagte schon mal vorsorglich zu allen, daß es bis Mitternacht dauern würde. Darauf stellten sich dann auch alle widerspruchslos ein. Die – hervorragende – Verpflegung lieferte uns die Bundeswehr.

Soweit war also alles bestens vorbereitet. Und dann tauchte ein Problem auf, das mir gewissermaßen senkrecht in den Magen fuhr:

In unserem Stab waren – noch von Prag her – auch tschechische Staatsbürger, zusätzliche Maskenbildner mit ihrem ganzen Material für die vielen Komparsen. Die schliefen in Erding, wollten am Morgen des Drehtages in die Kaserne – und durften nicht. Tschechen in einer Bundeswehrkaserne, das war unmöglich, da waren die Pförtner am Eingang ganz hart.

Plötzlich stand der ganze Drehtag auf dem Spiel. Und zu allem fiel mir dann auch noch ein, daß meine Frau, unsere Hauptdarstellerin, tschechische Staatsbürgerin ist!

Was tun?

Ich sprach mit dem Kommandanten des Fliegerhorstes. Und der hat uns schnell und ganz unbürokratisch geholfen.

Rein durften wir jetzt alle – aber die nächste Katastrophenmeldung »stand schon im Raum«: Auf der Autobahn Augsburg – München war ein schwerer Tanklastwagen umgestürzt und ein Auto ausgebrannt. Im Stau dahinter steckte ein Bus mit einem Teil »unserer« Amerikaner mehrere Stunden fest und konnte weder ausweichen noch wenden, noch sonst irgend etwas tun. – Wir konnten nicht zu drehen beginnen, mußten aber unser Pensum schaffen!

Mittags traf endlich der Bus ein. Dann erst konnten wir richtig »loslegen«. Um halb zehn Uhr abends waren wir fertig.

Bei den Dreharbeiten ging's zu wie in solch einem »Ami-Club« 1946. Die GIs und deutsche Mädchen tanzten nach der Musik unserer Original-Band auch dann, wenn die Kamera gar nicht lief. Zettel und Visitenkarten wurden ausgetauscht. Es war heute so wie früher . . .

# 70 000 Mark für dreieinhalb Minuten Musik

Weniger lustig verliefen meine Bemühungen um die Rechte für einige Musik-Nummern. Die schon erwähnte »Trümmer-Montage« wollte ich mit einer Lionel-Hampton-Nummer unterlegen. Die Rechte lagen in Amerika und kosteten pro Sekunde 270 DM. Die ganze Musiknummer hätte mich also 70 000 Mark gekostet!

Da hat mir Ralph Siegel gefehlt, der mir seinerzeit bei »Herbstmilch« so freundschaftlich entgegengekommen ist. Aber diese Lionel-Hampton-Rechte hat er leider nicht in seinem Verlag.

Ich überlegte, ob ich umdisponieren sollte. Doch statt Lionel Hampton wurden mir amerikanische Nummern angeboten, die noch mehr gekostet hätten, da wären 200 000 DM ganz schnell weggewesen. Das konnte ich natürlich nicht bei meinem Etat.

Die Verhandlungen zogen sich über Monate hin. Wir waren wieder einmal so weit, die Gage meiner Frau und meine eigene herzugeben, um die Musikrechte zu bekommen. Ich wollte nun mal nicht Glenn Miller oder andere, die jeder nimmt, ich wollte Lionel Hampton aus einem Live-Konzert 1946 in New York . . .

Das hat dann – zu erträglichen finanziellen Bedingungen – doch noch geklappt. Hier habe ich dem Bavaria Musik-Sonor-Verlag, Dr. Rolf Moser und Bernd Strasser, sehr viel zu verdanken.

# Produzent, Regisseur und Kameramann: Nichts geht ohne zuverlässige Mitarbeiter

Wie bei »Herbstmilch« war ich auch bei »Rama dama« wieder Produzent, Regisseur und Kameramann in Personalunion. Das bringt ungeheure Belastungen, über die man – zugegeben – diskutieren kann. Aber so konnte ich auch in bezug auf diesen Film – und darauf kam es mir ganz entscheidend an – meine Vorstellungen voll durchsetzen. Das ging natürlich nur mit absolut zuverlässigen Mitarbeitern, das ging nur mit dem »Herbstmilch«-Team. Wir kennen uns ja alle gut und können uns aufeinander verlassen. Lange vor Drehbeginn sprachen wir sämtliche Probleme durch, so daß dann jeder selbständig arbeiten konnte: Architekt Wolfgang Hundhammer mit Josef Jacob, der den Bau ausführte, Gleise verlegte, Zimmer wegräumte und Wände rausbrach; die Maskenbildner Ruth Philipp und Heiner Niehues; Kostümbildnerin Ute Hofinger; Garderobiere Sabine Schmitt; Aufnahmeleiter Filip Hering; Otto Kirchhoff und Peter von Haller – an der Kamera meine engsten Mitarbeiter –, dazu Oberbeleuchter Eduard Saller und Bühnenmeister Karl Willim, Regieassistentin Helga Asenbaum, die auch produktionstechnisch sehr viel gemacht hat; Produktionssekretär Ingo Giani; die Requisiteure Sabine Lochmüller und Fritz Goldmann (Innen- und Außenrequisite); Karl Baumgartner und Uda Kötting für die gerade in diesem Film besonders wichtigen und aufwendigen Spezial-Effekte; Tonmeister Hans Reinhard Weiß; und für die Nachbearbeitung Ingrid Broszat als Cutterin und Prof. Dr. Norbert Schneider für die Filmmusik.

Eine wichtige Stütze während der ganzen Dreharbeiten war wieder Filmgeschäftsführerin Ingrid Strohmaier. Sie hatte ein sehr waches Auge auf die Finanzen, erledigte alle Formalitäten für über 2000 Komparsen – um nur zwei Beispiele von vielen zu nennen – und sorgte auch sonst in unserem Produktionsbüro in München dafür, daß alles reibungslos ablief.

Vor, während und nach der Drehzeit klärte – wie schon bei »Herbstmilch« – Frau Rechtsanwältin Margarete Deiseroth-Gores alle Fragen im Zusammenhang mit Verträgen und Rechten.

Ich habe meine Mitarbeiterinnen und Mitarbeiter an dieser Stelle unter anderem auch deshalb etwas ausführlicher erwähnt, weil sich Außenstehende im allgemeinen kaum eine Vorstellung davon machen, was ideell, materiell, psychisch und physisch über einen langen Zeitraum hinweg in einen Film investiert werden muß, der dann im Kino in eineinhalb Stunden abläuft.

Bei der Nachbearbeitung (v. l.): Michael Kranz, Mischtonmeister, Ingrid Broszat, Cutterin, Matthias Lempert, Synchrongeräusche

# »Rama dama«-Start in 120 Kinos

Pausen sind nach wochenlanger Anspannung und Konzentration auch bei der Herstellung eines Films einfach mal notwendig, um neue Kräfte zu sammeln.

Bei »Rama dama« haben wir dreimal »Pause gemacht«: In der Mitte der Drehzeit beim sogenannten »Bergfest« (der »Gipfel« war erreicht) auf einem Moldau-Schiff, von dem ich »zur Abkühlung« in die Fluten sprang, und nach Drehschluß vor der Nachbearbeitungsphase (Schneiden, Synchronisieren, Mischen) bei einem rauschenden Seefest in Postmünster.

Beim »Bergfest«
auf der Moldau

Dazwischen lag noch eine Ballonfahrt, mit der uns unsere tschechischen Partner, die Gebrüder Sirotek (Sirotek-Studio), überraschten und bei der unsere Hauptdarsteller mit einem Heißluftballon von der Karlsbrücke in Prag starteten!

Zurück in München, liefen dann schon während des Schnitts, der Synchronisation und der Mischung die Vorbereitungen für

Zum Abschluß der Dreharbeiten überraschten die tschechischen Partner der Perathon-Film – die Gebrüder Sirotek (Sirotek-Studio) – Joseph Vilsmaier und sein Team mit einer Heißluftballon-Fahrt, die von der Karlsbrücke in Prag startete. Der Ballon verkündete nicht nur weithin sichtbar die deutsche »Rama dama«-Uraufführung (10. 1. 1991), der Ballonstart wurde auf der Karlsbrücke auch für Passanten und Touristen zu einem kleinen Volksfest. Dana Vavrova und Werner Stocker entschwebten mit einem erfahrenen Ballonführer über tschechische Lande und landeten nach rund 50 km – hellauf begeistert – auf einer Waldlichtung.

die Uraufführung und die weiteren Vorführungen des Films in den Kinos an.

Seit »Herbstmilch«-Tagen bin ich dem Senator-Filmverleih freundschaftlich verbunden. Diese auch menschlich angenehme Beziehung – sie ist zwischen einem Produzenten und dem Verleih durchaus nicht selbstverständlich – hat sich bei »Rama dama« auf allen Gebieten fortgesetzt. Ohne Senator hätte ich den Film bei den schon geschilderten Schwierigkeiten der Finanzierung zum Beispiel gar nicht drehen können. Senator startet

»Rama dama« in 120 Kinos. Auch das ist eine ungewöhnliche Aktion des Verleihs.

Ich werde mit meiner Frau und Werner Stocker wieder viele Kinos besuchen. Bei »Herbstmilch« waren es 104. Da entwickelten sich natürlich Kontakte, die uns jetzt zugute kommen. Wir lernten die Kinobesitzer kennen, sprachen und diskutierten nach den Vorstellungen mit dem Publikum, erfuhren auf diesem Wege »hautnah«, wie unser Film angekommen war.

Selbstverständlich war das alles sehr anstrengend: wochenlange Reisen, drei bis vier Stunden Schlaf bis zum Aufbruch am nächsten Morgen, weiterfahren, weiterreden, weiterdiskutieren . . .

Aber alle Anstrengungen waren vergessen, wenn wir – nach längerer Laufzeit des Films – in den Kinos von den Besuchern wie die Könige empfangen wurden.

Daß sich das bei »Rama dama« wiederholen möge, hoffen wir, wünschen wir uns, na – eigentlich sind wir uns da schon so gut wie sicher . . .

Karl Baumgartner,
Spezialeffekte
und Pyrotechnik:

# Unsere tschechischen Mitarbeiter haben uns hervorragend unterstützt

Wie lange man mich in der Branche schon »Charly Bumbum« nennt – nicht nur in Deutschland, auch in Amerika, wo ich oft gearbeitet habe –, das weiß ich gar nicht mehr, jahrzehntelang wahrscheinlich. Es klingt ja recht lustig, wenn auch mit »Bumbum« meine Tätigkeit als Spezialeffekte-Mann und Pyrotechniker ein bißchen sehr vereinfacht wird. Bei den heutigen, technisch oft sehr anspruchsvollen und aufwendigen Filmen wär's mit »Bumbum« alleine nicht getan. Da muß man schon mehr mitbringen – an Wissen und vor allem an Erfahrung. Denn darauf – auf die internationale Erfahrung – kommt's in erster Linie an.

Für Joseph Vilsmaier, den ich von Kindesbeinen an kenne, und seinen Film »Rama dama« habe ich gern gearbeitet. (Wehe, er hätte mich nicht genommen! Aber auf die Idee wäre er gar nicht erst gekommen, denn er wußte ja, daß auch international kein Effekte-Mann so viele Filme in der Art von »Rama dama« gemacht hat wie ich.)

Es waren vor allem zwei große Komplexe zu bewältigen:

89

In München die Bunkerszene innen (während eines Angriffs), in Prag die Flucht der Bevölkerung zum Bunker, das Herausströmen nach der Entwarnung, und außerdem ein Luftangriff mit allen Folgen (Brände, einstürzende Häuser, berstende Straßen und ähnliches mehr).

In München ließen wir den Bunker »erzittern« und verströmten eine Art Sandduft, um diffuses Licht zu bekommen. Dann lösten wir innen und außen die Metallschotten, damit diese wakkelten und einen fürchterlichen Ton gaben, wenn die Kinder schrien. Als die Mütter mit ihren Kindern rausliefen, simulierten wir von außen eindringenden Rauch und flackernde Brände.

Damit hatten wir gleich den Anschluß für die Außenaufnahmen, bei denen die Leute aus dem Bunker heraus den Berg hinunterliefen.

Für die Angriffsszene in Prag legte ich Einschläge und Brände an – mit Hilfe von Gaspfannen, Brenngemisch, Petroleum, Spiritus, Benzin, Dieselöl, je nachdem. Das wurde mit großen Pumpen, die ich nach Prag schaffen ließ, bis in den fünften Stock der Häuser gedrückt. Diese Hydraulik-Pumpen, mit denen man z. B. Maschinenteile bewegt, haben 50 bis 100 PS. Ich be-

90

nutze sie beispielsweise für eine Flamme, die durch ein 3-mm-Loch 25 m hochschießt! Dann habe ich Maschinen, mit denen ich die ersten Effekte, die Leuchteffekte, machte, als die Leute zum Bunker liefen und es plötzlich ganz hell wurde. Die Maschinen wurden mit Magnesium gefüllt und an Preßluft angeschlossen, oberhalb war ein Gasfeuer, durch das ich die Preßluft durchgeblasen und so ein Licht bekommen habe, das man 25 km weit sehen konnte.

Den Schutt haben wir planmäßig aufgefüllt, gemeinsam mit Architekt Wolfgang Hundhammer. Wir haben genau den Weg festgelegt . . . dort sollte noch Feuer rauskommen, da sollte ein Hydrant fortgerissen werden, an der Stelle sollte noch Wasser durch die Luft spritzen – und so weiter.

Die Häuser wurden von Bulldozern mit langen Drahtseilen zum Einsturz gebracht. Der Trick dabei war, daß unten Löcher ins Haus gebohrt und Stahltrossen durchgezogen wurden. So kam der Einsturz zustande.

Unsere tschechischen Mitarbeiter, die Joseph Vilsmaier und ich schon von früher kannten, haben meine Assistentin Uda Kötting und mich hervorragend unterstützt. Sie haben nichts versprochen, aber alles möglich gemacht. Sie verschafften uns Benzin, Diesel, Gas usw. – und zwar preisgünstig! Bei uns wäre das viel teurer gewesen.

Den Aufbau des großen Brandes hatte ich meiner Assistentin voll übertragen. Sie machte das mit fünf Tschechen nach meinen Angaben, darum brauchte ich mich überhaupt nicht zu kümmern. Sie hat bei mir gelernt, ist außerordentlich tüchtig und erledigt alles nach meinen Zeichnungen.

So konnte ich mich ganz auf andere Dinge konzentrieren, auf Pumpstationen, den Aufbau der Maschinen, Treibstoff usw. Das füllte einen Mann schon aus. Wir haben ja mittags um zwei angefangen und durchgemacht bis zum nächsten Morgen um sechs. Das war schon ein Riesenpensum, andere hätten dafür wahrscheinlich drei bis vier Tage gebraucht.

Wolfgang Hundhammer,
Architekt:

# Die Trümmer-
# landschaft
# in Prag war ein
# Glücksfall

Interessant waren für mich ganz besonders alle Aufgaben im Zusammenhang mit den Ruinen, denn die sind heute fast nirgend-
wo mehr zu kriegen. Und da hat sich dieser Idealfall in Prag er-
geben, daß wir wirklich Original-Ruinen bzw. Häuserviertel
fanden, die abgerissen werden sollten und in denen wir vorher
drehen konnten. Besonders ein Haus, in dem im Film Kati Zeiler, ihr Mann, ihre Freundin und später auch der Heimkehrer
Hans wohnen, haben wir nach unseren Wünschen präparieren
lassen, mit offenen Küchen, Bombensplittern in den Fassaden
und was sonst noch so dazugehört.

Das hat die Abbruchfirma nach unseren Angaben gemacht.
Das Haus war ja schon total ruiniert, da konnte niemand mehr
drin wohnen. Es war für den Abbruch freigegeben, und die Leute konnten noch reingehen und sich nehmen, was sie brauchen
konnten. Das haben sie auch gemacht. Bei uns würde sich niemand mehr hinstellen und Steine klopfen. Die Leute dort haben
sich noch die Steine genommen und sie weiterverwendet, wie
das bei uns nach dem Krieg war.

Dieses Haus also haben wir teilweise wiederhergestellt, wie
es 1945/46 war, und wie es nach dem Bombenangriff ausgese-
hen haben könnte. Es mußten wieder Böden reingezogen, das
Treppengeländer erneuert und mehrere Fenster ersetzt werden.
Das alles zu gestalten war schon eine interessante Geschichte.

Es gab genügend Vorlagen, Bilder, an denen wir uns orientieren konnten.

Dann mußten die Wohnungen in diesem Haus auch eingerichtet werden. Das war eigentlich Routine, aber es war nicht ganz einfach, Sachen aus dieser Zeit aufzutreiben. Bei uns wäre das schon Sperrmüll gewesen. Wir haben diesbezüglich viel in Prag gefunden. Im übrigen hat – wie schon für »Herbstmilch« – auch hier wieder Otto Kreil aus Niederbayern geholfen. Auch das alte

**Otto Kreil**, Antiquitätenhändler in Pfarrkirchen, hat Filmarchitekt Wolfgang Hundhammer schon für »Herbstmilch« stilechte niederbayerische Möbel zur Verfügung gestellt. Für »Rama dama« lieferte er Gebrauchsmöbel aus den Kriegs- und ersten Nachkriegsjahren. »Ich hab' mir ein Lager mit Möbeln auch aus dieser Zeit, die es ja praktisch nicht mehr gibt, angelegt«, meint er dazu, »weil es mir einfach immer leid getan hat, die Sachen wegzuwerfen. Die Leute haben ja, als alles wieder einigermaßen lief, versucht, ganz schnell neue Möbel zu bekommen, um diese Zeit zu vergessen. Damit wollten sie nichts mehr zu tun haben. Wer es sich irgendwie leisten konnte, hat sich Nierentische und dergleichen mehr gekauft. Daß diese früheren Sachen eines Tages für Joseph Vilsmaiers »Rama dama« wichtig werden könnten, habe ich natürlich nicht geahnt. Um so mehr freut es mich, daß ich ihm helfen konnte.«

Friseurgeschäft im Film konnten wir in Niederbayern, nämlich in Eggenfelden, auftreiben. Eine alte Frau hatte dort ihr Friseurgeschäft aufgegeben, und das Inventar lagerte seitdem zerlegt im Rathaus in einem Abstellraum. In München gibt's wohl auch noch ein oder zwei wirklich alte Friseurläden, aber die konnten wir ja nicht ausbauen, in denen wird noch gearbeitet.

Ein Problem war auch die Schuttbahn, die Lorenbahn. In München sagte man mir bei einer großen Baufirma, die auch Schutträumungen machte, sie hätten bis vor ein, zwei Jahren solch eine Bahn gehabt, dann aber ihren großen Lagerplatz aufgegeben und die Bahn dem Deutschen Museum geschenkt. Dann brachte ich in Erfahrung, daß es in Frankfurt ein Feldbahn-Museum gibt. Und dort hätten wir die Lorenbahn bekommen, aber das hätte sehr viel gekostet: Transport, Schienen und so weiter. – In der Tschechoslowakei hieß es: »Das gibt es bei uns nicht!« Ich konnte mir das nicht vorstellen, nachdem dort so viel Braunkohleabbau betrieben wird. Über einen tschechischen Kollegen habe ich die Bahn dann doch gefunden, und zwar in Prag, in einer Fabrik etwa 500 Meter von unserem Motiv entfernt! Sie war eigentlich schon als Schrott abgelegt und vergessen. Wir ließen sie wieder zusammenbauen, mehr schlecht als recht, damit das mit den Gleisen und der Spur wieder stimmte. Das hat dann tatsächlich funktioniert. Für die Gleise ließen wir ein Betonfundament machen, die Gleise verlegen und zum Teil wieder mit Schutt überdecken – es war ein Riesenaufwand, der bei uns in Dimensionen gegangen wäre, bei denen jeder gesagt hätte: »Ihr seid verrückt!«

Bei unserem Haus im »Trümmerviertel« mit dem »Tante-Emma-Laden« und dem Friseurgeschäft war eigentlich von vornherein nicht klar, daß wir dort auch Wohnungen hineinbauen könnten – wegen des schlechten Zustandes! Das kostete dann auch einiges an Renovierung, aber wenn die Wohnungen woanders gewesen wären, wären viele Einstellungen nicht möglich gewesen – zum Beispiel die direkte Verbindung aus der Küche hinunter in den Hof.

»Rama dama« hat keineswegs alltägliche Anforderungen gestellt. Nicht nur in Prag, auch für die Bunkerszenen zum Beispiel. Hier fühlte ich mich wieder ganz persönlich betroffen, denn ich bin noch 1945 mit 15 Jahren bei Bombenangriffen in

Bunker geflüchtet. Das war alles wieder da, als ich unseren Original-Bunker in Trudering »zeitgemäß« einrichtete und die Szenen dann gedreht wurden. Da fröstelte es mich . . .

Ingo Giani,
Produktionssekretär:

# Ohne
# Improvisation
# lief gar nichts . . .

Bei den Dreharbeiten, vor allem in Prag, gab es grundsätzliche Probleme, die man eigentlich immer hat – oder hatte. Sicherlich ist auch auf diesem Gebiet einiges anders geworden. Schon die Verständigung war in der Tschechoslowakei nicht so einfach. Wir hatten zwar Dolmetscher, aber die waren arbeitsmäßig einfach oft überfordert. Da gab es nur zwei, drei Leute aus der tschechischen Produktion, die ein bißchen Deutsch konnten.

Überhaupt die Sache mit der Kommunikation. Es gab zwar ein Telefon in der tschechischen Produktion (wir hatten unsere Büros in einem alten Gebäude aufgeschlagen), aber es ging oft nicht. Außerdem hing es an einem Dreifachanschluß mit einem Lokal, das unten drunter war. So konnten wir oft lange nicht telefonieren – und auch nicht erreicht werden! Zeitweise war das Telefon kaputt oder die Leitungen waren gar durchschnitten, kein Mensch wußte, warum und wieso. Und ein Produktionsbüro im Ausland ohne Telefon ist ja wie ein Mann mit einem Bein.

Ich hatte einen kleinen Kopierer dabei und eine Schreibmaschine. Der Kopierer streikte öfter mal, doch war kein Ersatzteil zu organisieren, denn es gab kein entsprechendes Fachgeschäft. Auch die Hotels hatten keinen Kopierer; solche Geräte waren – so wurde mir erklärt – streng verboten, denn man konnte mit ihnen vervielfältigen, also subversiv tätig werden!

Erstaunlich war andererseits immer wieder, was wir in Prag

alles machen konnten. Es wurden ganze Straßen gesperrt, sogar tagsüber, auch Straßen mit Straßenbahnbetrieb. Da wurden dann »einfach« Omnibusse eingesetzt. Das wäre in Deutschland sicherlich nicht möglich gewesen! Oder Karl Baumgartners »Feuerzauber« bei und nach den Angriffsszenen. Und dann die Nachtszenen, bei denen unentwegt ein 20-Meter-Kran mit Scheinwerfern taghell Zimmer von Leuten beleuchtete, die dort wohnten, während ein Feuerwehrwagen die ganze Häuserfront naß spritzte.

Das organisierten ohne viel Aufhebens und irgendwelche Schwierigkeiten alles die tschechischen Mitarbeiter für uns.

Notiert nach einem Gespräch
mit Rechtsanwältin Margarete
Deiseroth-Gores:

# Das Filmgeschäft
# ist sehr viel
# komplizierter
# geworden

Schon bei »Herbstmilch« war Joseph Vilsmaier – wie jetzt bei
»Rama dama« – Produzent, Regisseur und Kameramann in einer
Person. Nimmt man zu dieser Dreifachbelastung noch hinzu,
daß das gesamte Geschäft der Filmherstellung im Laufe der Jahre immer komplizierter geworden ist, dann ist es nur zu verständlich, daß er sich in allen Rechts- und Vertragsfragen von
vornherein fachkundlich beraten läßt, um nachträglich möglichst Auseinandersetzungen oder Prozesse zu vermeiden. So
läßt er alles, was diesbezüglich anfällt, über meinen Tisch laufen. Wir beraten uns, und wir gehen auch gemeinsam zu den Be-
sprechungen – über Drehbuchverträge, Regieverträge, Verträge
mit den Schauspielern, Co-Produktionsverträge, Verleih-Ver-
triebsverträge usw.

Für »Rama dama« sind auch bei Verhandlungen mit Agentu-
ren, mit dem Verleih usw. alle Verträge ohne größere Probleme
unter Dach und Fach gebracht worden.

Ob in diesem Fall oder in anderen Fällen – im Prinzip geht's
immer ums Geld. Wo Rechte entstehen oder entstanden sind,
geht es immer um die Relation der Rechtsübertragung zur Sum-
me, besonders natürlich bei den Verträgen mit den Schauspielern, mit dem Drehbuchautor etc.

Das leitet über zu der relativ komplexen Entwicklung, bei der
– jetzt auch immer häufiger in Deutschland – Regisseure, Dreh-

98

buchautoren, aber auch Hauptdarsteller am Erlös eines Films, unter Umständen aber auch im gewissen Umfang am Risiko beteiligt werden.

Nach Entscheidung des Bundesverfassungsgerichts ist festgestellt worden, daß der Urheber – auf den Film bezogen insbesondere Regisseur und Drehbuchautor – an jeder Verwertung des Werkes, an dem er beteiligt ist, auch finanziell partizipieren kann.

Das heißt, daß bei einem Kinofilm nur die Kinorechte übertragen werden sollten. Bei jeglicher Art der sonstigen Verwertung – also schon bereits beim Fernsehen – würde, apodiktisch gesehen, die erste Beteiligung beginnen, erst recht natürlich bei der audiovisuellen Verwertung und noch mehr, wenn es darum geht, Nebenrechte zu erwerben, wie etwa das Recht zur Herstellung eines Romans nach dem Film oder eines Buches zum Film.

Die Tendenz, nach der amerikanischen Gepflogenheit zu verfahren, nimmt zu, das heißt, daß alle Rechte aufgekauft werden. Das entspricht allerdings nicht dem Prinzip der Beteiligung des Urhebers an den Früchten seiner Arbeit. Der Urheber versucht in der Regel, eine Beteiligung am Erlös des Films zusätzlich zu der Pauschale für die sonstige Verwertung zu erreichen, wobei in bezug aufs Fernsehen das Wiederholungshonorar auch noch eine Rolle spielt.

Bei kleineren Produktionsfirmen wird öfter praktiziert – besonders wenn der Produzent zugleich auch Regisseur und gegebenenfalls auch noch Drehbuchautor ist –, daß die Gagen von Regisseur und Autor zu einem Teil oder auch ganz zurückgestellt werden – mit der Maßgabe, daß sie aus den Erlösen des Films rückzahlbar sind. Bei Hauptdarstellern ist das seltener, häufiger beim Regisseur, weil der ja stark daran interessiert ist, daß ein Projekt von ihm realisiert wird, besonders dann, wenn er auch das Buch geschrieben hat. Das trägt dazu bei, das Risiko des Produzenten zu reduzieren.

Dabei ist das Risiko oft wirklich recht erheblich, denn man kann davon ausgehen, daß diese Filme zumindest teilweise mit

Filmförderungsmitteln finanziert werden. Abgesehen von der Förderung des Bundesinnenministeriums müssen diese Mittel aber nach bestimmten Schlüsseln zurückgezahlt werden, eben auch aus den Erlösen. Oft bleibt da kaum noch etwas für die jeweiligen Urheber, die sich auf diese Rückstellung eingelassen haben und mit der Höhe ihrer Gage am Risiko beteiligt sind.

## »Dschungelbuch« für Filmförderungsmittel

Über die verschiedenen Filmförderungsmittel ist vor Jahren eine Broschüre erschienen, die in Branchenkreisen »Dschungelbuch« genannt wird. Das ist bezeichnend für die Wege, die ein Produzent bei der Finanzierung eines Films bis zur Auswertung der letzten Mark und Rückzahlung des letzten Pfennigs an Förderungs-Institutionen zurücklegen muß. Joseph Vilsmaier konnte mit den Erlösen aus »Herbstmilch« alle Förderungsmittel zurückzahlen. Aber das ist nicht die Regel.

Da befindet sich der Produzent in der Tat in einem »Dschungel«. Seit dem Erscheinen dieses Buches haben sich die Möglichkeiten der Finanzierung durch Filmförderungsmittel noch erweitert, weil es in verschiedenen Bundesländern noch Landesförderungen gibt, die damals noch gar nicht bestanden – in Hamburg zum Beispiel, in Nordrhein-Westfalen, Baden-Württemberg, Hessen.

In diesem Zusammenhang müssen natürlich sämtliche Verträge gesehen werden, denn der Produzent muß wissen, was er alles zurückzahlen muß. Und er muß grundsätzlich aus den Erlösen zurückzahlen. Die Eigenmittel zwischen 15 bis 20 % der Herstellungskosten erhält der Produzent vorrangig zurück. Dann fangen die verschiedenen Rückzahlungen an. Im Prinzip kann man sagen, daß Förderungsmittel, von einzelnen Rückzahlungsmodalitäten abgesehen, fünf Jahre lang zurückzuzahlen sind, bis sie ausgebucht werden können. Für diesen Zeitraum kann der Produzent über seine Erlöse nicht frei verfügen.

Der Gewinn eines Produzenten fängt also erst an, wenn er –

mit Glück – aus den Einspielergebnissen die Herstellungskosten des Films bezahlen konnte. Denn seine 20 % sind ja auch kein Gewinn, das sind Investitionen.

Als Fazit kann man feststellen, daß ein Filmproduzent keineswegs schnell reich wird, wie das in der Öffentlichkeit gelegentlich angenommen wird.

Bliebe noch zu erwähnen, daß bei Co-Produktionen mit den Fernsehanstalten das Fernsehen oft gar nicht mit hohen Beträgen co-produziert, andererseits aber dafür zeitlich unbeschränkt die Rechte für den deutschsprachigen Raum haben will, außerdem in der Regel eine prozentuale Beteiligung an den Erlösen, die

Norbert Jürgen Schneider dirigiert Mitglieder der Münchner Philharmoniker für die Original-Filmmusik zu »Rama dama«

über die Abdeckung des Fernsehbeitrages an den Herstellungskosten hinausgeht. Diese Beteiligung endet nämlich nicht, wenn
der Beitrag des Senders an den Herstellungskosten abgedeckt
ist. Die Fernsehanstalt bleibt grundsätzlich an den Erlösen beteiligt.

Diese Vertragspraxis ist meines Erachtens auf die Dauer nicht
vertretbar, denn die Fernsehanstalten bekommen immerhin für
einen relativ geringen Betrag einen Film, den sie sonst selbst
produzieren müßten – und zwar einen *neuen* Film!

Guntram Graf von Lösch:

# Eine Oberschwester rettete mich vor der SS

Guntram Graf von Lösch, Majoratsherr in der Besitznachfolge der Freiherren von Closen zu Gern, hat die künftigen Geschicke seines Anwesens – der Hofmark Gern – in die Hände seines Sohnes Thomas gelegt. Das heißt nicht, daß der Graf sich aus den Geschäften – Landwirtschaft, Brauerei, Schloßwirtschaft, Gebäudepflege, Gerner Dult, Rottgauhalle – völlig zurückgezogen hätte. Aber er weiß es zu schätzen, daß das seit Jahrhunderten im Familienbesitz befindliche Anwesen nun auch weiterhin von einem Mitglied der Familie geleitet werden kann. Erbfolgen dieser Art sind ja heutzutage durchaus nicht mehr selbstverständlich.

Graf von Lösch stimmte sofort zu, als Regisseur Joseph Vilsmaier ihn bat, auf Höfen und in Straßen der Hofmark Gern Szenen vom Einmarsch der Amerikaner für »Rama dama« drehen zu dürfen. Der Graf war, als die Amerikaner seinerzeit nach Gern kamen, im Lazarett in Altötting.

Ich war gegen Kriegsende am Fuß verletzt und lag im Lazarett in Altötting. Da ich Wundrose bekam, war ich Todeskandidat, denn damals gab es noch kein Penicillin. Man hat mich – durch eine Falschmeldung – sogar schon sterben lassen und meine Frau informiert. Aber ich kam durch.

Doch nicht nur durch die Wundrose war mein Leben damals gefährdet, auch durch Vorfälle, die sich noch Stunden vor dem Einmarsch der Amerikaner im Lazarett abspielten:

Ein SS-Spezialkommando durchkämmte das Lazarett nach Leuten, die als Gegner des Nationalsozialismus auf der »schwarzen Liste« standen. Ich gehörte dazu. Eine Oberschwester versteckte mich im vierten Stock des Lazaretts auf dem Dachboden. Das SS-Kommando holte fünf Soldaten aus dem Lazarett heraus und erschoß sie in einem nahe gelegenen Wald. Ich wäre der sechste gewesen.

Die Sache mit der »schwarzen Liste« hatte einen Hintergrund: Als ich 1937 unseren Betrieb übernahm, sollte ich in die Partei eintreten. Das habe ich nicht gemacht. Man hat mich aber als »Parteianwärter« trotzdem aufgenommen. Als der Polenkrieg ausbrach, erklärte ich auf einer offenen Postkarte an die Gauleitung in Bayreuth meinen Austritt als »Parteianwärter«. Das war zu der Zeit natürlich lebensgefährlich. Ich wurde vor ein sogenanntes Gaugericht zitiert, saß auf dem Stuhl des Angeklagten, wurde von Scheinwerfern angestrahlt, war geblendet und wurde pausenlos angebrüllt. Ich mußte mich rechtfertigen, wieso ich dazu kam, meinen Austritt aus der Partei-Anwärterschaft 1939 zu erklären. Außerdem erzählten mir die »Richter« noch alle möglichen Geschichten, die ich angeblich im Wirtshaus verbreitet hatte. Die wußten alles. Es waren also immer irgendwelche Leute in meiner Umgebung gewesen, die Äußerungen von mir weitergegeben hatten.

Ich mußte dann zu einer »Bewährungskompanie« nach Rußland einrücken, zog mir dort die schon erwähnte Verwundung zu und kam so nach Altötting ins Lazarett.

Dort entließen mich die Ärzte erst ein halbes Jahr nach dem Einmarsch der Amerikaner im September 1945. Dann bin ich nach Gern zurück. Inzwischen hatte meine Frau – wir hatten damals noch keine Kinder – den Einmarsch der Amerikaner mitgemacht. Die kamen und nahmen gleich im Haus Quartier. Meine Frau hat drinbleiben dürfen. Sie spricht genauso gut Englisch wie Deutsch. Das hat sicher was ausgemacht. Und sie hat es fertiggebracht, während der gesamten Besatzungszeit die Leute von den Kellern fernzuhalten. Die großen Schloßkeller waren nämlich vollgefüllt mit Weinflaschen, die ich während des Krieges freundschaftshalber für eine Münchner Firma eingelagert hatte. – Die Amerikaner waren sehr höflich, wobei die erste Truppe mit Abstand die beste war. Die haben sich alle sehr anständig aufgeführt. Allerdings – wenn sie in den Weinkeller gekommen wären, hätte es sicherlich eine Katastrophe gegeben.

Blick auf den
Münchner Dom 1945
Foto: Stadtarchiv
München

Einmarsch
der Amerikaner
in München
Foto: Stadtarchiv
München

Wir hatten auch viele Flüchtlinge untergebracht, darunter sehr viele Ungarn. Die Züge der Ungarn sind nämlich hier – unter deutschem Kommando – aufgelöst worden. Eine Zeitlang standen in unseren Stallungen Lipizzaner, die die Ungarn mitgebracht hatten. Auch der Kommandeur der Truppe, die die Lipizzaner betreute, wohnte bei uns. Zwischen ihm und Amerikanern kam es eines Tages zu einer ganz eigenartigen Wette: Einige Amerikaner wollten, um irgendein Serum zu gewinnen, Lipizzaner schlachten. Meine Frau erfuhr davon und informierte den amerikanischen Kommandeur. Der verhinderte den Unfug. Die Lipizzaner wurden später in der Nähe von Regensburg eingestellt und von dort wieder zurück nach Ungarn gebracht.

Die jeweils wechselnden US-Kommandeure haben alle bei uns gewohnt, der letzte ist erst 1951 ausgezogen; wir sind mit ihnen sehr gut ausgekommen. Zum Teil schreiben sie heute noch oder besuchen uns.

In vielen und langen Gesprächen konnten schon damals mancherlei Falschinformationen und Mißverständnisse ausgeräumt werden – auf beiden Seiten! Das hat sich später ausgezahlt.

(Aus: *München zwischen Dunkel und Hell* von Inge Gruber)

**An die Bevölkerung Münchens**

MUNCHENER! Ein 12 Jahre währender Alpdruck ist durch die Alliierten von Euch genommen. Befolgt gewissenhaft jede Anordnung der Alliierten Militärverwaltung.
Sorgt für Ruhe und Ordnung bis zur Errichtung einer neuen Bayrischen Regierung.
Geht Eurer täglichen Arbeit nach und seid guter Hoffnung.
Von jetzt an könnt Ihr wieder an einen wahren Aufbau denken.

**Wer plündert wird erschossen**

Bayrische Hilfspolizei O 7
Weismann, Polizei-Kommissar

Karlheinz Böckle:

# Für den einfachen GI war Deutschland ein gottloses Land

Karlheinz Böckle, im Auto+Technik-Museum Sinsheim unter anderm für die Öffentlichkeitsarbeit zuständig, war 15 Jahre alt, als er bei Kriegsende in Trautheim an der Jagst erstmals Amerikanern begegnete.

Eines Tages hielt auf der Dorfstraße ein amerikanisches Fahrzeug neben mir, und ein Amerikaner fragte mich, wo das Schulhaus sei. Ich nahm mein Schulenglisch zusammen und sagte es ihm. Dann packte er mich, befahl mir einzusteigen und brachte mich zu seinem Kommandeur – er habe einen gefunden, der Englisch könne. Daraufhin befahl mir der Kommandeur, für ihn zu arbeiten. Was ich natürlich nicht wollte, denn fünf Jahre »Hitler-Jugend«, die wirkten noch nach. Der Kommandeur stellte mich vor die Wahl, entweder für ihn zu arbeiten oder in Gefangenschaft zu gehen. Also arbeitete ich für ihn, beim 33. amerikanischen Panzer-Pionierbataillon der 7. Panzerdivision.

Ich saß im Vorzimmer des Kommandeurs, der zugleich auch Distriktkommandeur war, und hatte es eigentlich sehr schön. Ich mußte keinen Hunger leiden und erlebte dort die erste Nachkriegszeit praktisch nicht aus deutscher, sondern aus amerikanischer Sicht. Ich war eigentlich »auf der anderen Seite«. Ich habe u. a. die Befehle der Militärregierung an die Bürgermeister überbracht und miterlebt, was die Amerikaner über die Deut-

107

schen dachten und sagten. Der einfache GI z. B., der schon in Amerika der Propaganda ausgesetzt war, stellte sich Deutschland als absolut gottloses Land vor. Was sie ganz besonders erstaunte, war die Gläubigkeit der deutschen Landbevölkerung. Wir lebten ja auf dem Lande. Sie wunderten sich, daß am Sonntagmorgen eigentlich jeder in die Kirche ging. Das paßte mit dem, was sie über Hitler und die Konzentrationslager gehört hatten, nicht zusammen. In jedem Bauernhaus sahen sie einen Herrgottswinkel, draußen auf dem Feld und an den Straßen entlang die blumengeschmückten Kreuze. Also diese Gläubigkeit, meinten sie, die gebe es in Amerika nicht. Ebenso erstaunt waren sie über den Lebensstandard und hochinteressiert an der Sozialgesetzgebung.

Der Kommandeur selber war ein sehr religiöser Mann; ich mußte jeden Morgen um sieben mit ihm in die katholische Kirche gehen. Da hockte er zwischen den Bauern und hat mit denen gebetet.

Eines Tages ließ er mich zu sich kommen und wollte wissen, was die Deutschen über die Amerikaner denken.

»Nichts Gutes«, sagte ich.

»Warum?!«

»Schauen Sie mal, da drüben, da ist ein Altersheim, und da sind katholische Schwestern, die nicht wissen, wo sie die Verpflegung für die alten Leute hernehmen sollen. Die essen mittags Wassersuppe, und Ihre Leute vernichten ›überflüssige‹ Lebensmittel. . .«

Ich mußte die Oberschwester holen, und der Kommandeur ordnete an, daß jeden Morgen, Mittag und Abend nach dem Essen jemand vom Heim übriggebliebenes Essen abholte.

Nach dem Abzug der US-Einheit bat mich der von den Amerikanern eingesetzte Bürgermeister, ihm bei der Unterbringung von Flüchtlingen aus der Tschechoslowakei und aus Ungarn zu helfen.

Die Leute wurden zunächst im Schulhaus untergebracht. Es waren halbverhungerte Kinder, ausgemergelte Mütter und Väter

– ein erbarmungswürdiger Anblick. Wir hatten einen Arzt im Dorf, der sich um die Leute ein bißchen kümmern konnte.

Ich muß sagen, damals waren die Deutschen noch eine Solidargemeinschaft. Es war leicht, die Leute unterzubringen – obwohl doch Wohnraum wirklich knapp war –, leichter als heute!

Und die Flüchtlinge ordneten sich schnell ein, sie gingen schon am Tag nach ihrer Ankunft mit den Bauern aufs Feld und arbeiteten, was sie konnten.

Wir hatten alte Frauen aus Ungarn, die ihren Namenstag wußten, nicht aber ihren Geburtstag. Deren Alter mußte ich dann schätzen. Sie kamen ins Altersheim, wo auch nicht viel Platz war.

Nach der Flüchtlingsaktion habe ich noch im Wald Grubenholz geschlagen – für England, als Reparationsleistung!

Dann lernte ich drei Jahre Schreiner. Und nach der Währungsreform bin ich wieder in die Schule gegangen, um 1952 mein Abitur in Karlsruhe zu machen.

## 14. Juni 1945 – Donnerstag

Ministerpräsident Schäffer hält über den Münchner Sender eine Ansprache an die Bevölkerung Bayerns. Er gibt die neuen Regierungsmitglieder bekannt und legt die Grundzüge seiner Verwaltung dar.

Die Militärregierung gibt Erleichterungen in den Reiseverkehrsbeschränkungen bekannt: Künftig kann man ohne Passierschein im Kreise seines Wohnortes und 20 km darüber hinaus reisen.

## 16. Juni 1945 – Samstag

Die Militärregierung läßt keinen Zweifel daran, daß alle Befehle, die sie hinsichtlich des Arbeitseinsatzes gibt, schnellstens befolgt werden müssen. Jeder arbeitsfähige Deutsche ist verpflichtet, zum Arbeitseinsatz unverzüglich und vorbehaltlos zur Verfügung zu stehen.

Die Behörden der Finanzverwaltung Bayern haben ihre Tätigkeit wieder aufgenommen. Die Steuerpflichtigen haben sämtliche Steuern in den bisherigen Beträgen auf dem bisherigen Weg zu den festgesetzten Terminen zu zahlen.

Auf Befehl der Militärregierung werden alle Beamten, Angestellten und Arbeiter aus der Stadtverwaltung entlassen, die vor dem 30. Januar 1933 der NSDAP oder einer ihrer Gliederungen beigetreten sind. Entlassen werden ferner Blutordensträger, Träger des Goldenen Ehrenzeichens und alle SS-Angehörigen.

Alle Buch- und Zeitschriftenverlage, Buchhandlungen und alle Vertriebs- und Verkaufsstellen von Buch- und Zeitschriftenverlagen haben nach Gesetz der Militärregierung ihre Betriebe geschlossen zu halten.

In der 4. Woche der Versorgungsperiode erhalten alle im Bezirk der Stadt Versorgungsberechtigten 125 g Käse zusätzlich.

Ein ausführlicher Erlaß der Militärregierung über die Regelung des Soldatengrußes wird veröffentlicht. »Zwischen deutschem Militärpersonal und alliierten Soldaten wird kein militärischer Gruß gewechselt, ein Grußwechsel zwischen deutschen Zivilpersonen und alliierten Soldaten findet nicht statt.« Deutsches Militär hat auf dienstlichen Befehl alliierte Offiziere zu grüßen. Die Flaggen der Alliierten sind von deutschen Männern mit Abnehmen der Kopfbedeckung zu grüßen.

Die Militärregierung weist auf eine Verordnung hin, nach der Englisch Amtssprache ist, sämtliche amtlichen Bekanntmachungen und alle Dokumente der alliierten Behörden auf Englisch abgefaßt sein müssen, bei Übersetzung ins Deutsche der englische Text Gesetzeskraft hat und alle an die Militärregierung im Rathaus gerichteten Briefe und Schriftstücke auf englisch abgefaßt sein müssen.

## 20. Juni 1945 – Mittwoch

Die Polizeireviere nehmen ihren Dienst in beschränktem Umfang wieder auf.

## 22. Juni 1945 – Freitag

Alle entlassenen deutschen Kriegsgefangenen, die in der Stadt ihren Wohnsitz haben oder noch hier eintreffen werden, haben sich bei bestimmten Polizeirevieren zu melden.

(Zitiert nach: »Chronik der Stadt München 1945–1948«)

Elisabeth Leistl:

# Kurz vor Ende des Krieges haben wir uns im Keller »häuslich eingerichtet«

Elisabeth Leistl hat in »Rama dama« als Komparsin in den Bunkerszenen mitgewirkt; sie kann sich an die Zeit, in der diese Szenen spielen, noch sehr gut erinnern. Sie war seinerzeit in einem Münchner Ankerwickel-Betrieb dienstverpflichtet und hat die Kriegs- und Nachkriegsjahre in München erlebt.

Dort, wo heute das Gasteig steht, war früher der Bürgerbräukeller; und in diesem Bürgerbräukeller war für das Gebiet Haidhausen der Bunker. Es war ein öffentlicher Bunker, in den wir beim ersten Sirenenton hineingehen mußten. Und da ist es dann wirklich so zugegangen wie in den Bunkerszenen für »Rama dama«. Da hat keiner auf den anderen Rücksicht genommen, da »regierte« nur der Ellenbogen. Mütter mit Kindern oder wer auch immer: da ist man rein, wichtig war nur, daß man drin war.

Früher ist ganz Haidhausen in diesen Bunker gegangen. Der war nicht so gut ausgestattet wie unser Film-Bunker. Es gab keine Frischluftmaschinen, sondern nur Luftscharten. Die Luft ist immer weniger geworden; die Kinder waren recht quengelig und haben geschrien. Andere haben gebetet.

Am Wochenende, wenn ich nicht in die Firma ging, mußten wir bei Fliegeralarm in den Keller unseres Mietshauses. Dort war's mit der Luft noch problematischer, denn da waren ja vor

den Kellerfenstern Sandsäcke. Also wenn da eine Bombe einge-
schlagen hätte, rausgekommen wären wir durch die Kellerfen-
ster nie. Wenn wir eine Stunde im Keller waren, sagten wir immer, wir müssen ganz ruhig sein, damit wir weniger Luft verbrauchen.

---

**Uniformen werden gefärbt**

Die Färbereien haben von der Militärregierung eine Sonder-
zuteilung an Farbstoffen und Kohlen erhalten, um den entlassenen Soldaten die Möglichkeit zu geben, ihre im Besitz
befindlichen Uniformen der ehemaligen Wehrmacht färben
zu lassen...

*(Süddeutsche Zeitung,* 10. November 1945)

---

In den letzten zwei Kriegsmonaten haben wir fast nur im Keller gehaust. Wir wohnten im vierten Stock, und bis wir da aus
dem Keller immer rauf waren, kam schon der nächste Angriff.
So haben wir uns unten »häuslich niedergelassen« und Feldbet-
ten aufgeschlagen. Man hat im Keller gelebt. Zum Essen haben
wir uns Reis gekocht. Die Reste wurden eingewickelt und für
später aufgehoben. So blieb er warm. Wir waren erfinderisch.
Heute wird ja übriggelassenes Essen weggeworfen. Ich kann das
seit damals nicht.

Wir hatten um die Ecke einen Lebensmittel-Mann, der aus
Molke Wurst machte. Die war so gut, daß man es sich heute
nicht mehr vorstellen kann. Und wenn meine Mutter da war, tat
sie etwas Fett rein, dazu dann Kartoffeln, so sind wir satt geworden. Natürlich waren wir nicht so dick wie heute.

Mein Vater kannte einen Bauern in der Nähe von Bad Tölz,
bei dem ich damals mit zehn Jahren die ganzen Ferien verbracht
habe. Das kostete eine Mark am Tag. Und zu dem sind wir auch
mit dem Radl von München rausgefahren, vielleicht für zwei,

drei Eier, die uns der Bauer geben konnte. Und wenn er Kartoffeln geerntet hat, durften wir nachgehen und die übriggebliebenen Kartoffeln aufheben. Das war ein Fest!

Den Einmarsch der Amerikaner habe ich in der Maximilianstraße erlebt. Ich war schon froh, daß die da waren, konnte aber nicht so jubeln wie andere. Ich hatte mich im Februar '44 mit einem Jugendfreund verlobt, der im Mai als Testpilot gefallen ist. Da konnte ich nicht recht fröhlich sein, als die Amis kamen. Aber über meine Bekannten und Freundinnen mußte ich mich zum Teil schon wundern. Eben liefen die noch mit braunen Hemden rum oder in der BDM-Kluft. Und plötzlich, als die Amis kamen, haben sie sich so schnell umgestellt, daß man gar nicht mitkam. Aus meiner Klasse sind bestimmt fünf Mädchen

---

**Planmäßige Ausplünderung der besetzten Länder**

Die Planmäßigkeit, mit der die besetzten Gebiete durch die deutschen Armeen ausgeplündert wurden, um die Kriegserfordernisse der Nazis zu decken und die eroberten Länder durch den vorbedachten Ruin ihrer eigenen Wirtschaft in völlige Abhängigkeit von Deutschland zu bringen, wird in der Anklageschrift gegen die 24 Hauptkriegsverbrecher anschaulich geschildert.

In einem bisher unveröffentlichten Kapitel macht das Dokument unter dem Titel »Plünderung öffentlichen und privaten Eigentums« folgende Feststellungen:

Die Angeklagten nutzten die Einwohner und die materiellen Hilfsquellen der von ihnen besetzten Länder rücksichtslos aus, um die Nazi-Kriegsmaschine zu stärken, das übrige Europa zu entvölkern und auszusaugen, sich selbst und ihre Anhänger zu bereichern und die wirtschaftliche Vorherrschaft Deutschlands in Europa zu fördern...

*(Süddeutsche Zeitung*, 16. November 1945)

---

nach Amerika gegangen und haben dort geheiratet. Aber wie's halt so geht: Hier hatten sie von »ihrem GI« alles, drüben hatten sie dann gar nichts, denn drüben war ihr GI nichts Besonderes mehr, und als Deutsche hatten sie damals sowieso nichts zu lachen. Wir hier hatten allerdings auch nichts. Es gab noch jahrelang Marken. Also wenn man gar nichts gehabt hat, dann ist es einem drei Jahre nach dem Krieg immer noch schlecht gegangen. Man mußte was tauschen können – oder Verbindungen haben. Wer keine hatte – dem ging es wirklich schlecht.

Rosemarie Schwarz:

# Jeder war jahrelang sich selbst überlassen

Rosemarie Schwarz studierte während des Krieges in Berlin Musik. Ihr Studium wurde mehrfach unterbrochen, weil sie zum Beispiel zur damaligen Löwe-Radio-Fabrik dienstverpflichtet wurde, um Glühbirnendrähte einzuziehen, dann auch als Straßenbahn-Schaffnerin arbeiten mußte oder mit einem Chor und einer Theatergruppe auf ausgedehnte Reisen zur »Truppenbetreuung« in Frankreich, Dänemark, Norwegen und Rußland war. Sie hat schwere Luftangriffe in Berlin, den Einmarsch der Amerikaner in Salzuflen und nach ihrer »Kriegsheirat« ein ähnliches Schicksal wie die Kati in »Rama dama« erlebt.

Die Fahrerei mit der Straßenbahnlinie 57 war eine große Strapaze, es ging durch ganz Berlin – vom Roseneck bis nach Weißensee. Ich hatte Schichtdienst, denn es war nicht genügend Personal da; die Männer waren eingezogen, und die Mädchen machten meist auch noch irgendwelche andere Sachen.

Ich hatte acht Stunden Dienst, der manchmal schon um vier Uhr früh begann und an sich mittags beendet war. Aber im Depot hieß es dann oft: »Wir brauchen Sie weiter, noch mal drei Stunden...« Es war also sehr strapaziös, und ich habe das auch nicht lange durchgehalten. Ich bekam eine scheußliche Magengrippe, konnte mich kaum aufrecht halten und fiel eines Tages in der Straßenbahn um. Damit war dieses »Gastspiel« beendet.

In den letzten Kriegsjahren waren die Menschen in Berlin, in anderen Großstädten und in den Industriegebieten durch die ständigen Luftangriffe genauso gefährdet wie die Soldaten an der Front. An Schlaf war kaum noch zu denken. Jede Stunde, auch am Tage, mußte mit Bombenangriffen gerechnet werden. Jeder Mensch kann sicherlich einige Zeit ohne Schlaf auskommen, aber wenn ein bestimmtes Maß überschritten ist und zusätzlich noch enervierender Bombenhagel mit Bränden, einstürzenden Häusern und zerstörten Wohnungen »durchgestanden« werden soll, dann hört es auf. – So kehrte ich von einer meiner »Betreuungsreisen« unmittelbar nach einem Luftangriff nach Berlin zurück. Die oberen Stockwerke unseres Hauses waren zerbombt. Meine Mutter stand unter freiem Himmel – und polierte einen Tisch. Sie wußte gar nicht, was sie tat. Der Schock des Angriffs saß noch so tief, daß sie erst Stunden später wieder »erwachte«.

Nach meiner »Kriegsheirat« mit einem Wehrmachtsoffizier, den ich in Frankreich kennengelernt hatte, und nach der Geburt meiner Tochter Ingrid (Ingrid Broszat, Cutterin u. a. bei Joseph Vilsmaiers »Herbstmilch« und für »Rama dama«) verließ ich Berlin und fuhr mit Ingrid zu Verwandten meines Mannes nach Salzuflen; sie hatten dort eine große Pension und meinten, bei ihnen sei ich mit Ingrid sicher. Das meinte ich auch. Aber wenn es in Berlin die Bomben waren, dann waren es hier Tieffliegerangriffe. Es gab zwei wichtige Brücken, die die Tiefflieger unbedingt zerstören wollten. Wenn sie beim erstenmal die Brücke nicht getroffen hatten, flogen sie einen Bogen und wieder zurück. Ich lief dann mit meiner Tochter und meinem Bündel – einer Tasche aus Sackleinen – hinunter in den Keller.

Später kamen die Amerikaner mit Panzern und schweren Geschützen auf Salzuflen zu, die Stadt hat ohne Gegenwehr kapituliert.

In den ersten Wochen der Besatzungszeit durften wir nur morgens von neun bis zehn auf die Straße. Insgesamt ging es recht ruhig zu, bis auf kleinere Vorfälle wie Hausdurchsuchungen nach Waffen.

Wir jungen Frauen hatten natürlich Angst, weil wir sehr viel zu hören bekamen. Wenn ich mit Ingrid im Kinderwagen durch den Salzufler Kurpark fuhr, nahm ich mir immer jemanden mit – aus Furcht vor den Schwarzen! Auf einem dieser Spaziergänge kamen plötzlich zwei baumlange Neger direkt auf mich zu. Ich erschrak fürchterlich. Aber das war, wie sich schnell herausstellte, absolut überflüssig. Die beiden schauten in den Kinderwagen, lachten breit, machten mit ihren riesigen Händen komische Fingerspiele und brachten so auch Ingrid zum Lachen. Sie steckten ihr Bananen und Schokolade zu, gaben mir Zigaretten und verschwanden wieder. Ich wollte mich mit meinem bißchen Englisch bedanken, war aber so überrascht, daß ich keinen Ton herausbrachte.

Eines Tages stand – aus französischer Kriegsgefangenschaft entlassen – mein Mann vor mir. Und jetzt erlebte ich eine ganz ähnliche Situation wie die Kati in »Rama dama« – und wie Millionen anderer Frauen in den ersten Jahren nach dem Krieg:

Wir hatten im Krieg während eines Urlaubs in Berlin geheiratet und uns seitdem kaum gesehen. Jahre vergingen, in denen jeder sich selbst überlassen war und in denen er mit sehr vielen und oft auch sehr belastenden persönlichen Erlebnissen fertig werden mußte. Gemeinsames Erleben gab es nicht – oder immer nur auf kurze, auf zu kurze Zeit begrenzt.

Und nun standen wir uns gegenüber – entfremdet, als Fremde eigentlich, nur noch mit dem Kind als Bindeglied. Wir haben es miteinander versucht – vergeblich . . .

Nach unserer Scheidung lebte ich in Hildesheim und lernte dort meinen zweiten Mann kennen.

## 11. Februar 1946 – Montag

Heute beginnt die Immatrikulation der Studenten an der Universität. Die Aufräumungsarbeiten im schwer zerstörten Universitätsgebäude sind so weit fortgeschritten, daß 13 Hörsäle mit rund 1800 Sitzplätzen und 16 Seminarräume mit rund 550 Sitzplätzen zur Verfügung stehen.

## 13. Februar 1946 – Mittwoch

Die Zuteilung von Haushaltsgas wird erhöht. Eine Person erhält statt bisher 8 12 cbm, jede weitere Person 4 statt bisher 3 cbm.
Der Leiter des Städtischen Wiederaufbaureferats setzt den Wiederaufbau der Stadt bei normaler Entwicklung der staats- und wirtschaftspolitischen Verhältnisse des Landes auf $\frac{1}{4}$ Jahrhundert an.

## 1. März 1946 – Freitag

Die Bayerische Heimat- und Königspartei fordert in einem Aufruf die Wiedereinsetzung des Wittelsbacher Königshauses durch Volksabstimmung. »Ein neuzeitliches Königtum, eine demokratische Verfassung und die christliche Weltanschauung sollen die Grundlagen des Staates sein.« Im Verband mit anderen deutschen Staaten soll ein Zusammenschluß europäischer Staaten erstrebt werden.
Eine Erhöhung der Preise für rationierte Lebensmittel tritt in Kraft. Mischbrot wird um 1 bis 2 Pf, Käse um 10 Pf, Rindfleisch um 14 Pf, Schweinefleisch um 16 Pf pro Kilo teurer.
Radioröhren sind Mangelware, vor Herbst kann die Produktion neuer Röhren nicht aufgenommen werden. Bei Kriegsende geplünderte Bestände werden jetzt auf dem Schwarzen Markt verkauft, eine Röhre kostet 500 Mark.
Die Wirren der letzten Monate des Krieges und der Nachkriegszeit führten zu einer starken Zunahme der Jugendkri-

minalität. In den letzten Monaten hatte das Jugendgericht München über 700 Strafsachen zu behandeln.

### 3. März 1946 – Sonntag

Auf Veranlassung der Neuen Zeitung findet im Rathaus eine Konferenz von ehemaligen Kriegsgefangenen statt, um die Probleme der entlassenen Kriegsgefangenen zu besprechen. Besprochen werden Probleme nach der Heimkehr, Berufsprobleme, Probleme der Invalidenfürsorge und politische Probleme. Zur Tagung kommen auch Vertreter der amerikanischen Militärregierung, Ministerpräsident Hoegner und OB Scharnagl.

In seiner Rundfunkansprache weist OB Scharnagl auf den schlechten Zustand der Straßen, vor allem in den Außenbezirken, hin. Scharnagl bringt in Erinnerung, daß die Anlieger verpflichtet sind, für einen ordentlichen Zustand der Straßen zu sorgen.

### 3. bis 5. März 1946

Im Luitpoldtheater findet zum Fasching eine Veranstaltung unter dem Titel »Boarisch wolln ma lustig sei« statt. Geboten werden Volksmusik und Volkstanz, einleitende Worte spricht Stadtschulrat Dr. Fingerle.

(Zitiert nach: »Chronik der Stadt München 1945–1948«)

Georg Hackl:

# Für sechs Eier
# sechs Tafeln Schokolade

Anläßlich der »Herbstmilch«-Dreharbeiten stellte Georg (»Schorsch«) Hackl seinen Hof zur Verfügung; in »Rama dama« spielte er einen Bauern, der in den letzten Kriegsjahren »schwarz« schlachtet. – Georg Hackl war gegen Ende des Krieges neun Jahre alt; er kann sich an die Zeit noch gut erinnern.

Im Krieg haben fast alle »schwarz« geschlachtet, denn man hat nur – je nach Familienstand – ein oder zwei Schweine selber schlachten dürfen. Man hat alles abliefern müssen, ob das Kartoffeln gewesen sind oder Wurst – für die Soldaten, für die Versorgung der Bevölkerung. Aber Geselchtes konnte man lange aufheben oder irgendwo eingraben, verschwinden lassen. Wenn dann der »Ortsbauernführer« mit dem Polizisten zum Kontrollieren kam, dann war eben nichts mehr da. Aber ein guter Polizist hat natürlich gewußt, wo gerade geschlachtet worden war; er hat das »gerochen« – und bekam dann auch was ab.

Im Mai '45 kamen die Amerikaner. Widerstand gab's keinen mehr. Nur in einem Haus hatten sich acht oder neun Mann mit Karabinern versteckt und auf die Panzer geschossen – mit dem Erfolg, daß sie »ausgeräuchert« wurden. Dann war's aus.

Einmal kam ein Offizier zu uns und fragte in gebrochenem Deutsch: »Bäuerin haben Eier?« – Sein Bursche machte gleich seine Seitentasche auf. »Wieviel Eier – sechs...?« – Er zog sechs Tafeln Schokolade heraus. Das war natürlich für uns was Besonderes. Schokolade kannten wir Buben nicht. Nur wenn einer vom Militär heimkam, dann haben wir vielleicht mal ein Stückerl bekommen.

Am Anfang hatten wir Angst, weil bei den Amerikanern auch Neger waren. Aber die waren harmlos, von denen haben wir das meiste bekommen.

Als ich zwölf, dreizehn Jahre war, wurden in unserer Wohnung Sudetendeutsche einquartiert. Wir wurden nicht gefragt, es wurden einfach zwei Zimmer beschlagnahmt. Haus und Hof waren also in dieser Zeit voll. Jede Gemeinde hat eine bestimmte Anzahl nehmen müssen. Da wurde geschaut, wo überall ein Zimmer frei war. Es hat auch sein können, daß ein Ehepaar oder ein älteres Ehepaar ohne Kinder mit einem Zimmer auskommen und in einem Zimmer schlafen und kochen mußte. Da wurde dann ein Ofen aufgestellt, Kamin beim Fenster raus – fertig!

Die bei uns wohnten, hatten Kinder. Die Frau hat auf dem Hof mitgeholfen; der Mann ist zu einem anderen Bauern arbeiten gegangen. Niederbayern ist praktisch ihre zweite Heimat geworden. Wir treffen uns heute noch, die Eltern und die Kinder.

Die Kontakte der Amerikaner und der deutschen Mädchen gingen schon recht schnell. Wenn ein Mädchen oder eine Flüchtlingsfrau einen Amerikaner hatte, dann war auf einmal alles da, Schokolade, Eßsachen usw. Zu unserem Dienstmädchen kam auch ein Amerikaner, der in gebrochenem Deutsch zur Bäuerin immer gesagt hat: »Keine Angst, wenn UNRRA-Leute kommen, ich euch beschützen!«

In den UNRRA-Lagern waren ja unter anderem auch die bisherigen »Fremdarbeiter« aus Polen, Jugoslawien und anderen Ländern zusammengefaßt. Die waren bewaffnet und schossen schon mal, wenn sie nicht gleich bekamen, was sie wollten. Vor denen hatten wir Angst, die nahmen Rache . . .

**Erfolg der Wärmestuben**

Die von der Stadtverwaltung geschaffenen, seit November betriebenen Wärmestuben haben in den vergangenen Frostwochen ihre Bewährungsprobe bestanden. In ihrer Durchführung haben diese Wärmestuben nichts gemeinsam mit den gleichen Einrichtungen früherer Zeiten, in denen sie als eine Wohlfahrtsmaßnahme für Erwerbslose in großen Räumen und Baracken untergebracht waren. Die heutigen Wärmestuben dagegen sollen eine Ausweichgelegenheit für ungeheizte Wohnräume sein und jedermann die Möglichkeit geben, sich in einem erwärmten Raum auftauen zu können...

*(Süddeutsche Zeitung,* 1. Februar 1946)

Fritz Preßmar sen.:

# Der Atem der Besucher
# wurde an den Kinowänden zu Eis

Weil Fritz Preßmar sen. politisch unbelastet war, setzten die Amerikaner den erfahrenen Filmtheater-Mann nach Kriegsschluß als »supervisor« für ihre Soldatenkinos in München ein. So bekam Fritz Preßmar sen. auch Kontakt zum »Filmtheater Sendlinger Tor«, das er mit seinem Sohn heute noch leitet. Nach »Herbstmilch« wird der Senator-Filmverleih auch Joseph Vilsmaiers »Rama dama« wieder im »Sendlinger Tor« starten.

Den Dachstuhl des Hauses, in dem das Kino übrigens schon seit 1913 als reiner Kino-Zweckbau untergebracht war, gab's nicht mehr. Das Haus selbst, ein Stahlbetonbau, hatte den Bombenangriffen recht gut widerstanden – bis auf den Dachstuhl eben und bis auf Türen und Fensterstöcke.

Wo die Bühne war, klaffte ein Riesenloch. Das haben wir – der Hauswirt und ich – nur provisorisch abgedichtet, als das Kino für die Amerikaner betrieben werden sollte. Da lagen noch Schutthaufen draußen, und die Toilettenanlagen waren zerstört. Wir haben's eben notdürftig hergerichtet.

Ich hörte dann, daß die deutschen Besitzer das »Sendlinger Tor« als Kino aufgeben wollten. Ich fuhr also nach Geiselgasteig zu Mr. Eric R. Pleskow, der dort die Filmsektion der amerikanischen Militärregierung leitete und in dieser Eigenschaft auch Filmtheater-Lizenzen vergab. Ich bekam eine Lizenz – für mich und einen Kompagnon, den ich mit in die Geschäftsführung nehmen mußte.

Noch vor der Währungsreform begann ich mit dem Umbau des Kinos. Damals war es sehr schwierig, überhaupt einen Nagel aufzutreiben, von Glühbirnen und anderen Dingen ganz abgesehen. Als wir eröffneten, haben wir z. B. für die Beleuchtung aus Papier Laternen gemacht. Und wenn die Stadt ausnahmsweise nicht 20 Birnen gegeben hätte, dann hätten wir kein Licht gehabt.

Man brauchte für alles Bezugsscheine und mußte den Verwendungszweck nachweisen. Fürs Kino hat es im Grunde gar nichts gegeben, denn Kino war nicht unbedingt lebenswichtig; andererseits hatten die Menschen damals nicht nur nichts zu essen, sie hatten auch kein anderes Vergnügen als eben das Kino. Es war allerdings ein kaltes Vergnügen im Winter, denn es gab kein Heizmaterial, keine Zuteilung, keine Kohle. Wir mußten unsere Wälder abholzen. Da sind dann die Bäume gefällt worden; und das von Eis und Schnee tropfnasse Holz ist zugeteilt worden. Man mußte es selber zersägen und hacken, gebrannt hat's dann trotzdem nicht, weil es viel zu naß war. Aber einem Kino wurde nichts zugeteilt, und unsere Heizung war natürlich kaputt. Im strengsten Winter sind die Leute in ihren alten Mänteln reingekommen und haben gefroren. Und die Atemluft der Besucher hat sich an den kalten Wänden des Kinos als Eis niedergeschlagen wie im Kühlschrank. Die Wände waren fast schneeweiß, so kalt war's. Und trotzdem sind die Leute gekommen, weil sie mal was anderes sehen, weil sie ihr Elend vergessen wollten. In Scharen sind sie gekommen!

Ich habe damals eingeführt, daß die Karten nicht innerhalb einer halben Stunde an die Schwarzhändler abgegeben werden durften. Denn die haben sonst gleich 50 bis 60 Karten erworben und zu doppelten Preisen weiterverkauft. Dem habe ich einen Riegel vorgeschoben. Bei mir wurden die Karten zu normalen Preisen und sozial gerecht verteilt. Der Andrang war so groß, daß die Karten eigentlich verteilt und nicht verkauft werden mußten.

Für die Zivilbevölkerung habe ich dann 1946 mit dem Film

»Das goldene Tor« eröffnet. »Kalkutta« fiel genau in die Währungsreform und hatte 8280 Besucher. Und das war wirklich ein Wunder – die Leute hatten damals, einen Tag nach der Währungsreform, alle nur ihre 40 DM Übergangsgeld in der Tasche. Wir spielten weiter und hatten 2543 Besucher am ersten Tag nach der Währungsreform, mit der harten DM, in der ganzen Woche fast 16 000 Besucher!

Inzwischen ist viel geschehen, auch mit unserem Kino. Vor zwei Jahren feierten wir das 75jährige Bestehen der »Sendlingertor-Lichtspiele«. Sie waren in meinem Geburtsjahr, am 18. Oktober 1913, eröffnet worden.

Was der Münchner Stadtchronist damals über den Eröffnungsfilm »Die Herrin des Nils« schrieb, liest sich heute ausgesprochen amüsant:

»Zur Eröffnungsvorstellung selbst waren nur geladene Gäste zugelassen, die schon Tage vorher durch einen livrierten Boten des Theaters die goldbedruckte Ehrenkarte zugestellt bekamen. Halb München versammelte sich vor dem neuen Haus, dessen Vorderfront mit den bayerischen und Münchner Farben geschmückt war. Die Vorstellung begann mit der Ouvertüre zur Oper ›Die lustigen Weiber von Windsor‹ und dem Quintett aus den Meistersingern. Ein Prolog von Benno Sailer wurde von Frau Johanna Gerbeck vorgetragen. Dann begann ›Die Herrin des Nils‹, schönster und literarisch wertvollster fünfaktiger historisch-dramatischer Film. Länge 2300 Meter! Spieldauer ca. 2 Stunden! Ein gewaltiges Meisterwerk in höchster Vollendung. Übertrifft nach fachmännischem Urteil alles bisher

Dagewesene. Alleiniges Aufführungsrecht für ganz Bayern!
Signora J. Terribile-Gonzales spielte die Kleopatra, Signor J.
Lupi den Oktavian und Signor Noelli den Marc Anton...«

Samuel W. Magill:

# »Rama dama« weckte viele Erinnerungen an die Besatzungsjahre

Samuel W. Magill, ehemals Oberst der amerikanischen Armee, lebt heute in Deutschland und ist Vizepräsident der Deutsch-Amerikanischen Clubs, die kürzlich ihr 40jähriges Bestehen feierten. Mit dem Film kam S. W. Magill in Berührung, als Hollywood eines seiner ungewöhnlichen Kriegserlebnisse produzieren wollte (S. W. Magill hatte im Zweiten Weltkrieg als amerikanischer Beobachtungsoffizier in Frankreich durch eine List erreicht, daß mehrere tausend deutsche Soldaten »geordnet« in amerikanische Gefangenschaft marschierten). Nach dem Krieg hat Mr. Magill einige internationale Filmproduktionen beraten – darunter auch Joseph Vilsmaiers »Rama dama« beim »Einmarsch der Amerikaner« in Niederbayern.

Als wir 1945 mit der Armee nach Deutschland kamen, waren uns Kontakte mit der Bevölkerung verboten. Wie überall auf der Welt gab es auch bei uns in Amerika Propaganda, die uns jungen Offizieren etwa »einhämmerte«: »Jeder Deutsche ist euer Feind, alle sind Nazis.« – Wir brauchten ziemlich lange, bis wir erkannten, daß das *so* nicht stimmte, daß in jedem Land gute und schlechte Menschen lebten und leben – auch nach diesem Krieg und dem Zusammenbruch der Nazi-Diktatur in Deutschland. Auf die Dauer konnten Kontakte zur deutschen Bevölkerung nicht verboten werden.

Natürlich haben wir damals nicht begriffen, wie ein ganzes Volk einem Diktator in die Vernichtung folgen konnte. Fanatismus in verschiedensten Formen gibt es ja überall. Und die Geschichte belegt immer wieder, daß zum Beispiel religiöser Fanatismus besonders zerstörerisch wirken kann (Sektenführer, die ihren Anhängern befahlen, in den Tod zu gehen, arbeiteten auch in Amerika). Aber das waren – und sind – bei uns, insgesamt gesehen, doch kleinere Gruppen.

Doch wie war es möglich, daß Millionen Junge und Alte – Millionen Menschen aller Generationen – Hitler folgten, bis Deutschland in Schutt und Asche lag? Auf diese Frage fanden wir lange keine Antwort (und wenn ich ehrlich bin, ist mir das auch heute noch nicht ganz klar). Hinzu kam, daß wir in Deutschland gleich nach Kriegsschluß keinem Nazi begegneten. Niemand, mit dem wir über diese Frage hätten sprechen können, gab sich als Nazi zu erkennen. Es war ein Mysterium. Wir fragten uns, wo die wohl alle geblieben waren.

Und mich persönlich schockierte auch noch ein Erlebnis kurz vor dem Zusammenbruch in einem Kriegsgefangenenlager, in dem viele tausend Amerikaner, Engländer und Russen unter erbärmlichsten Umständen dahinvegetierten und in dessen Nähe ein Konzentrationslager war. Ich ging mit einem meiner Soldaten, Moritz Weißburg, einem Juden, der mehrere Sprachen beherrschte, dorthin, um den Schwerkranken im KZ mitteilen zu lassen, daß sie mit Krankenwagen aus dem Lager herausgeholt und in Krankenhäuser gebracht werden würden. Die Männer reagierten gar nicht mehr. Sie hatten keine Kraft mehr. Sie konnten nicht mehr sprechen.

Moritz Weißburg weinte – und stammelte: »Das sind meine Leute. Es sind Deutsche, aber es sind meine Leute, es sind Juden . . .«

Das war – und ist – auch etwas, was ich nicht fassen konnte, daß Menschen umgebracht wurden, nur weil sie Juden waren. Wir hatten und haben in Amerika auch Rassenprobleme zwischen Schwarzen und Weißen, aber daß bei uns jemand auf die

Idee käme, diktatorisch zu befehlen, bestimmte Bevölkerungsgruppen wegen ihrer Hautfarbe oder Herkunft systematisch umzubringen – unmöglich und undenkbar. Ein Diktator – wie Hitler oder andere – hätte in den USA mit Sicherheit keine Chance. Bei unserem parlamentarischen System würde ein Mann mit solchen Absichten niemals »alleinregierender Präsident« werden können.

**Bedenkliche Unterernährung Europas**

Das Außenministerium der Vereinigten Staaten gab den Bericht eines alliierten Wirtschaftsausschusses für Europa bekannt, der sich mit der Ernährungskrise in Europa befaßt. Nach den Feststellungen des Ausschusses werden über 140 Millionen Europäer in den nächsten Monaten eine Nahrungsmittel-Zuteilung von weniger als 2000 Kalorien täglich erhalten.

Für etwa 100 Millionen Europäer werde die durchschnittliche Zuteilung sogar nur 1500 Kalorien täglich betragen. Dies sei der Fall für die Stadtbevölkerung in Österreich, Finnland, Deutschland, Ungarn, Rumänien, Italien, Spanien und in der Ostslowakei sowie für die Landbevölkerung der bulgarischen Tabakbaugebiete und die Deutschen in der Tschechoslowakei...

*(Süddeutsche Zeitung*, 12. Februar 1946)

Inzwischen lebe ich in Deutschland. Meine beratende Funktion bei dem Film »Rama dama« hat in mir schon einige Erinnerungen an die Besatzungsjahre nach dem Krieg geweckt. Auf manche Fragen aus der damaligen Zeit habe ich durch mein langjähriges Zusammenleben mit Deutschen hinreichende Antworten gefunden. Und eines ist mir ganz klar geworden:

Ein Diktator hätte auch im heutigen Deutschland keine Chance mehr.

Billy Gorlt:

# Wenn ich eingeschlafen wäre, hätte ich keine Schuhe mehr gehabt

Billy Gorlt, einer der bekanntesten Combo- und Bandleader, hat Regisseur Joseph Vilsmaier den Tip gegeben, daß die in einem amerikanischen Soldaten-Club spielenden »Rama dama«-Szenen auf dem Flughafen in Erding gedreht werden könnten. Gorlt hat dort nach dem Krieg mehrere Jahre in einem GI-Club gespielt. Für »Rama dama« komponierte er drei Tanzclub-Nummern und spielte in der Original-Filmband. Gorlt ist eigentlich Flugzeugbauer; sein musikalisches Naturtalent nutzte er schon in Jugendjahren, besonders aber in der amerikanischen Kriegsgefangenschaft und gleich nach dem Krieg, als er auf abenteuerlichen Wegen nach Deutschland zurückkehrte und die Musik zu seinem Beruf machte.

Ich bin aus der amerikanischen Kriegsgefangenschaft nach Neumünster entlassen worden. Dort saßen die Engländer als Besatzungsmacht und waren daran interessiert, entlassene deutsche Gefangene nach England zur Arbeit zu schicken. Ich muß dann diesem Arzt irgendwas vorgezaubert haben – mit Herzfehler, Stechen in der Herzgegend und so. Das klappte. Und nicht nur für mich, auch für neun andere aus der amerikanischen Gefangenschaft, mit denen ich in der Band aus dem Gefangenenlager weitermachen wollte. Wir trennten uns und verabredeten, uns zu telegraphieren, wenn es mit der Band klappen sollte.

Ein Kumpel in der Gefangenschaft hatte zu mir immer gesagt: »Junge, du kommst zu mir nach Essen. Wenn nichts mehr steht, bauen wir ein Zelt auf!« – Da bin ich dann hin. Das Haus stand noch! Ich wurde herzlich aufgenommen.

Aber nun brauchte man eine Zuzugsgenehmigung, wenn man arbeiten wollte. Die hat man aber nur bekommen, wenn man Arbeit hatte, hatte man Arbeit, konnte man dort nur anfangen, wenn man Zuzug . . . usw., usw. – immer im Kreis herum.

Beim Arbeitsamt wollten sie mich unter Tage, zum Kohleabbau, vermitteln. Da sagte ich denen, daß das »zu meinem Bedauern« nicht ginge, weil ich bei dem Kapellmeister aus der Gefangenschaft eine mündliche Verpflichtung eingegangen sei. – Nach 14 Tagen kam tatsächlich ein Telegramm, unsere Band konnte spielen! Wir haben im englischen Club in Delmenhorst angefangen.

Ich heiße eigentlich Erhard mit Vornamen. Eines Tages ging in einer Spielpause ein englischer Offizier an uns vorbei und bot jedem eine Zigarette an. Als »Küken« der Band stand ich bescheiden hinten dran. »Billy, you smoke . . .«, meinte der Engländer. Ich nickte wie selbstverständlich. »Billy – Billy klingt gut«, sagte der Offizier grinsend. – Seitdem heiße ich Billy.

In der Gefangenschaft durfte man zwei Briefe schreiben, die ich natürlich nach Hause schickte. Meine Schulfreundin bekam einen von den Briefen. Sie wußte aber, wo meine Mutter war, und hat dann die Verbindung hergestellt. So erhielt ich eines Tages einen Brief von meiner Mutter nach Delmenhorst; sie schrieb mir, wo sie jetzt wohnte. Ich schrieb ihr zurück: »Liebe Mama, ich bin nicht mehr in meinem alten Beruf tätig, ich mache jetzt hauptberuflich Musik . . .«

Der Brief kam bei ihr an, im nächsten Brief schickte sie mir ein Inserat mit: »Saxophonist gesucht in Landshut . . .«

Mein Vertrag war inzwischen abgelaufen; ich erneuerte ihn nicht und fuhr los. Es war eine abenteuerliche Reise, von der man sich heute keine Vorstellungen mehr macht. Ich saß auf dem nackten Beton in der Halle des Münchner Hauptbahnhofs, in der rechten Hand das Saxophon und links das bißchen Habe, das ich noch so hatte. Da saß ich und wartete auf meinen Zug – ein Auge auf, das andere zu. Wenn ich eingeschlafen wäre, hätte ich am anderen Tag keine Schuhe mehr gehabt. Nicht weil die Menschen böse waren, sondern weil die Not so groß war.

---

**Die Kartei des Todes**

Ein Register der Gefallenen
Tausende von Frauen und Müttern warten auf ein Lebenszeichen ihrer Männer und Söhne, die sie in Gefangenenlagern wähnen. Das Durcheinander in den letzten Wochen des Krieges brachte es mit sich, daß Soldaten, die fielen und nicht mehr identifiziert werden konnten, in Dörfern und Städten begraben liegen, ohne daß ihre Angehörigen etwas von ihnen wissen.

Eine Abteilung des BRK, die Gefallenenkartei, macht es sich zur Aufgabe, die Gefallenenmeldungen zu registrieren und die Angehörigen zu benachrichtigen. Jede Mitteilung über den Tod eines ehemaligen Soldaten muß in Form einer eidesstattlichen Erklärung abgegeben werden... Trotzdem kam es schon vor, daß ein Totgeglaubter noch lebte... Täglich spielen sich in den Räumen der Gefallenenkartei – man nennt sie die Abteilung der Tränen – Szenen von erschütternder Tragik ab...

(*Süddeutsche Zeitung*, 9. Juli 1946)

---

Dann bin ich früh mit dem ersten Zug nach Landshut gefahren, um weiter nach Geisenhausen und Vilsbiburg zu gelangen. Irgendwo dorthin war meine Mutter evakuiert worden. In Landshut fiel aber der Anschlußzug nach Geisenhausen aus. Ich dachte, das ist nicht schlimm, suchte den Brief meiner Mutter raus mit der Anzeige »Saxophonist...« und stieg in einen Bus.

Die ehemalige deutsche Panzerkaserne lag in einer herrlichen

Parkgegend. Früh um acht war ich schon dort, schnupperte Bohnenkaffee, meine Lebensgeister erwachten. Auf mein Klingeln erschien eine bayerische Köchin und fragte mich unwirsch, was ich denn so früh schon wollte. Durch unseren »Dialog« wurden die Musiker wach. Sie wohnten und aßen in der Kaserne, insgesamt fünf Deutsche, die für die Amerikaner spielten. Ich zeigte einem von ihnen das Inserat und löste damit bei allen fünfen einen Lachanfall aus. Ich stand da wie ein begossener Pudel. Die Musiker lachten noch immer. Zwischendurch fragte mich der »Bandleader«, wo ich her sei. »Aus Breslau.« Dann erfuhr ich, warum alle so lachten: Das Inserat war ein Jahr alt! Aber es hatte sich noch niemand gemeldet. Wir machten gleich eine Probe. Beim dritten Stück schlug mir »der Boß« auf die Schulter. Ich war engagiert und bekam einen Vertrag.

Am ersten freien Tag fuhr ich zu meiner Mutter. Sie hatte in einem kleinen Nest ein ganz kleines Zimmer. Dort hauste sie mit meinem zwölf Jahre jüngeren Bruder.

Als die Wiedersehensfreude etwas abgeklungen war, fragte sie mich, ob ich das Inserat nicht bekommen hätte. Ich erzählte ihr, daß die mich vom Fleck weg engagiert hätten.

So kam ich in meinen ersten amerikanischen Club in Bayern. Später bin ich nach Straubing in einen amerikanischen Club, und von Straubing nach Erding. Dort gründete ich meine erste Kapelle und hatte von da an immer eigene Bands, kleinere und größere.

Vor fünfzehn Jahren gründete ich meine Bigband. Seitdem gibt es die »Billy-Gorlt-Bigband«. Mit der ich seinerzeit auch das »Deutsche Theater« wiedereröffnet habe – mit der »Las-Vegas-Show«. Ich habe den Amerikanern nicht vergessen, daß ich mich damals in der Gefangenschaft zwei Jahre lang selber zum Musiker ausbilden konnte.

Mit meiner Vier-Mann-Combo und der Bigband interpretieren wir amerikanische Original-Arrrangements – Benny Goodman usw. – so wie heute ein guter klassischer Pianist Beethoven, Brahms u. a. m. Und wir nehmen das auch genauso ernst.

## Der Film

Kati Zeiler wartet mit ihren zwei kleinen Kindern nach dem Zweiten Weltkrieg auf die Heimkehr ihres Mannes Felix aus russischer Gefangenschaft.

Sie wartet lange – vergeblich. Inzwischen lernt sie den Rußland-Heimkehrer Hans Stadler kennen – und lieben.

Als sie ein »Paar« werden wollen, kehrt Felix zurück . . .

Die nachfolgenden Szenenfotos erzählen – mit Texten aus Martin Klugers und Joseph Vilsmaiers Drehbuch – den Film in Bildern.

## Kriegsweihnacht 1944

. . . viel Lebkuchen
wünsch' ich mir.

v.l.: Elisabeth Bertram (Oma), Janina Vilsmaier (Marie), Hans Schuler (Felix), Dana Vavrova (Kati), Ivana Chylková (Leni)

OMA (im Märchenton zu Marie)
Jetzt ist Krieg. Aber das war nicht immer so. Früher war Frieden. Und am Heiligen Abend gingen wir zu meiner Großmutter, da stand der Weihnachtsbaum auf einer Spieluhr, die drehte sich und spielte »Süßer die Glocken nie klingen«, und *so* hoch war der Baum . . .

# Abschied von Felix

Dana Vavrova (Kati),
Hans Schuler (Felix),
Janina Vilsmaier
(Marie)

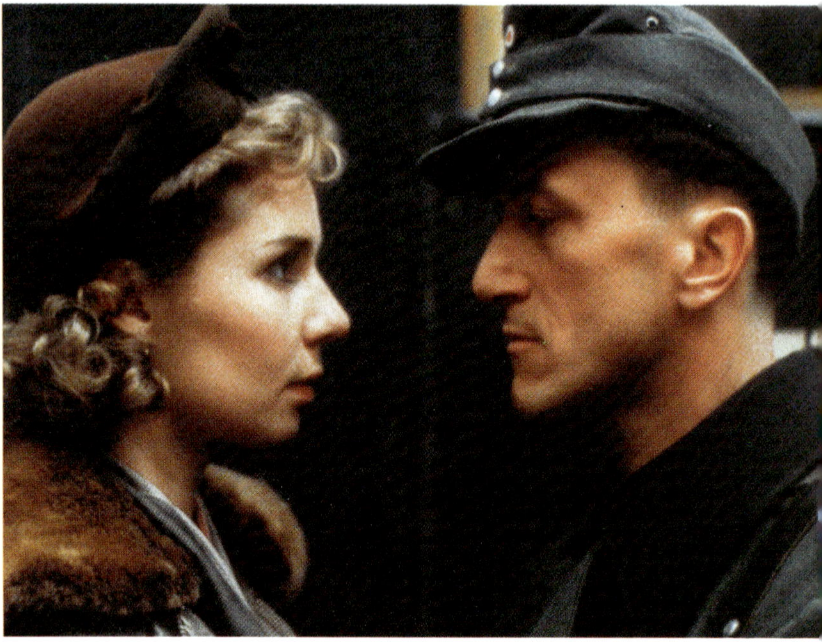

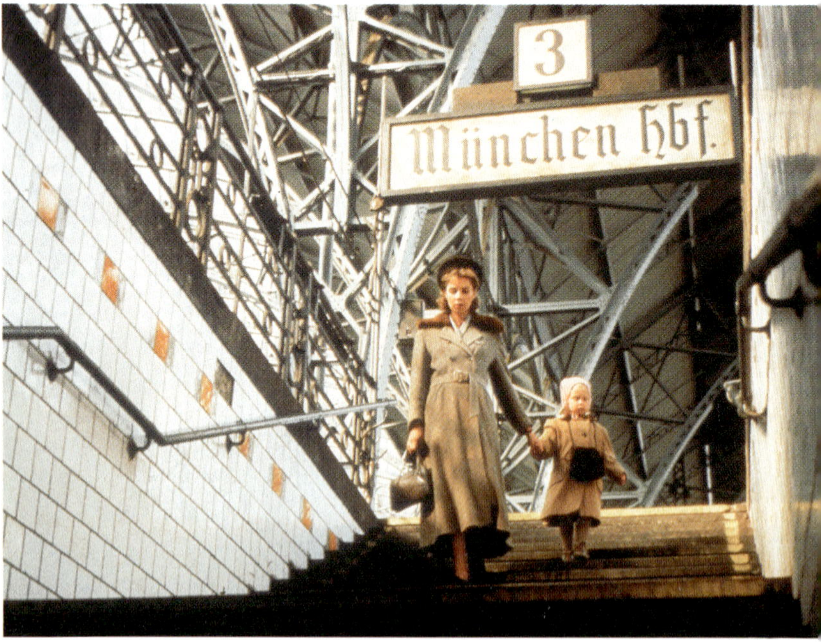
3
München Hbf.

## Bombenangriff
## auf München

Aufräumungs- und
Bergungsarbeiten nach
einem Fliegerangriff
Foto: Stadtarchiv
München

# Im Bunker

**Nach dem**
**Angriff**

(Aus: *München zwischen Dunkel und Hell* von Inge Gruber)

Aus Trümmerschutt wird Baumaterial gewonnen.
Foto: Stadtarchiv München

**Der Krieg ist zu Ende**

**Die Amerikaner marschieren ein/Theresa wird geboren**

LENI
Wir schaffen's schon,
Kati ...
KATI (lächelt unter
Schmerzen)
*Wir ...?*

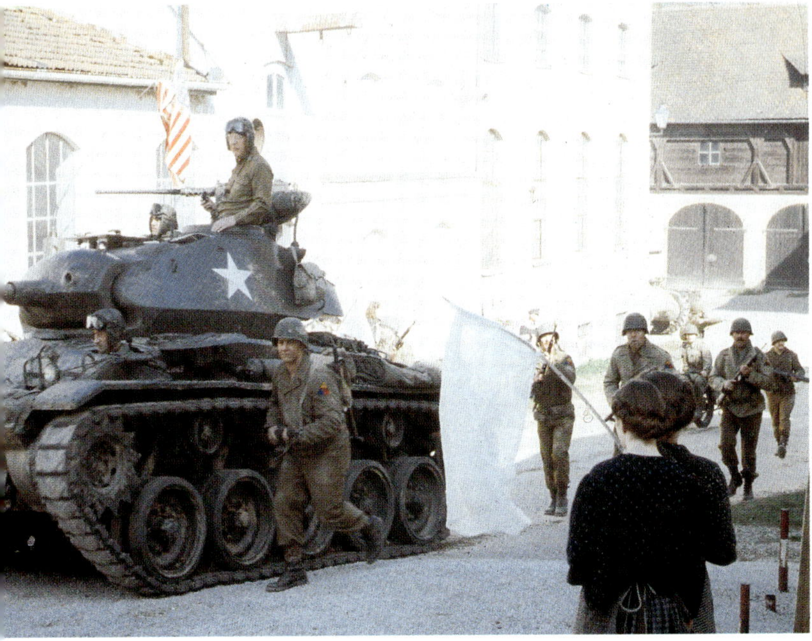

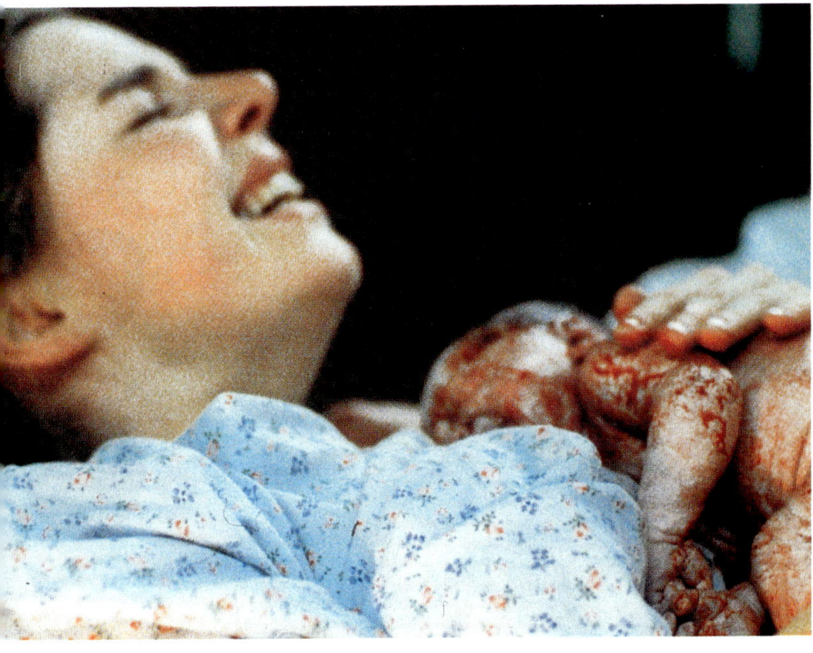

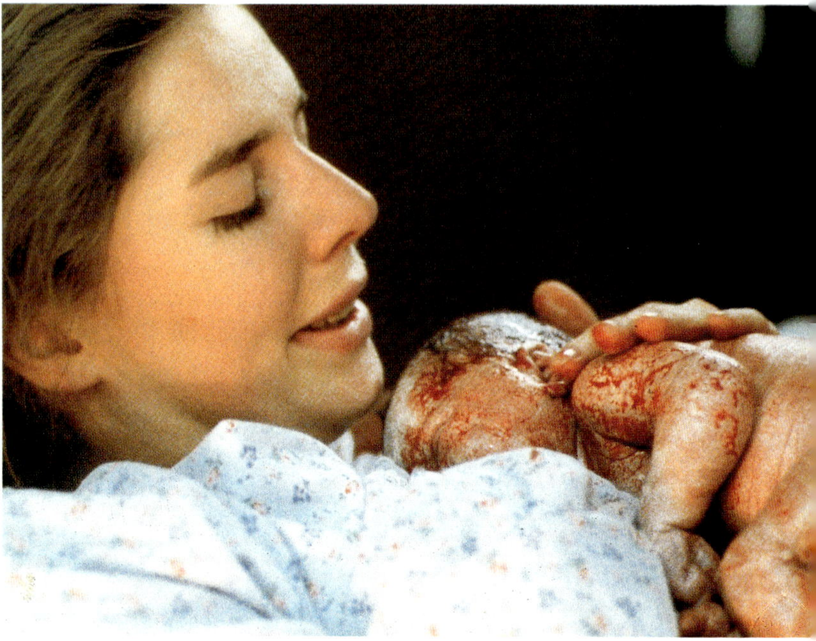

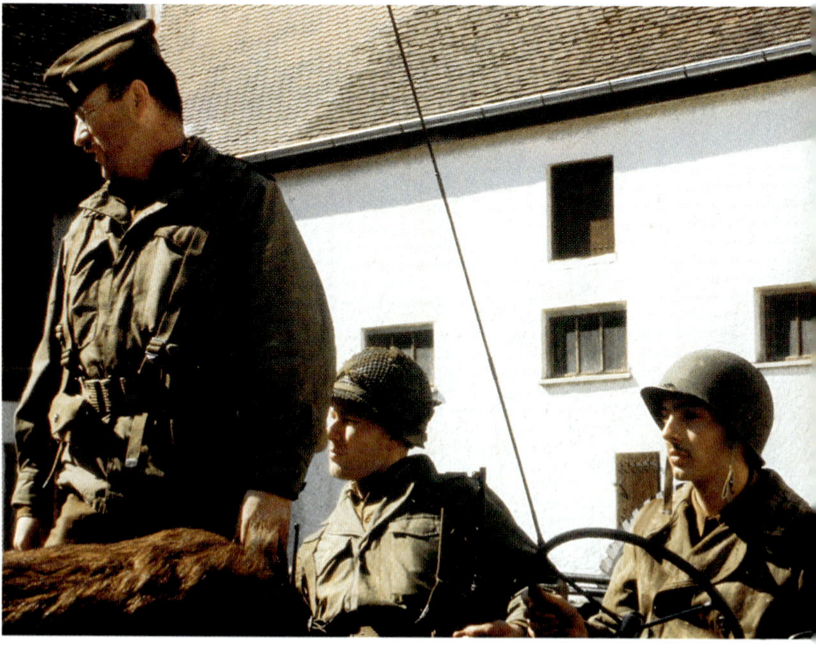

**Kati wartet auf Felix**

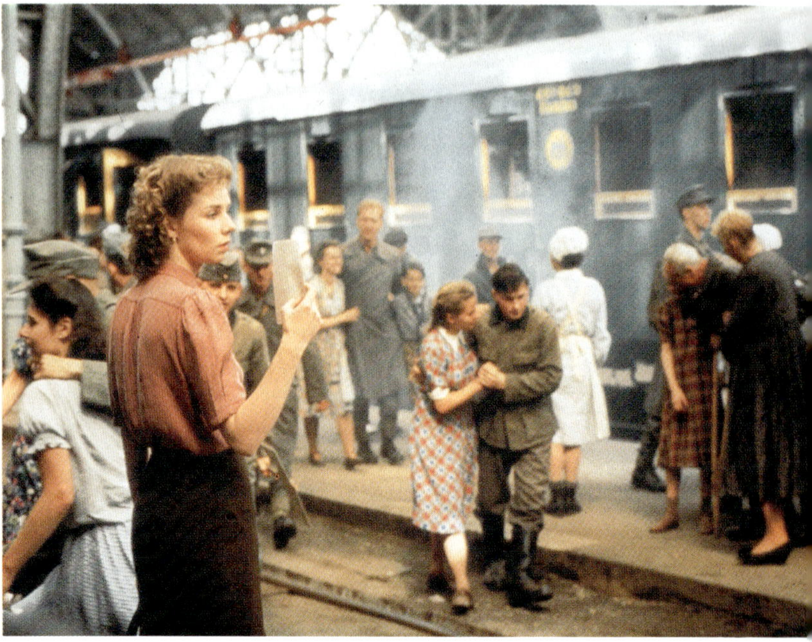

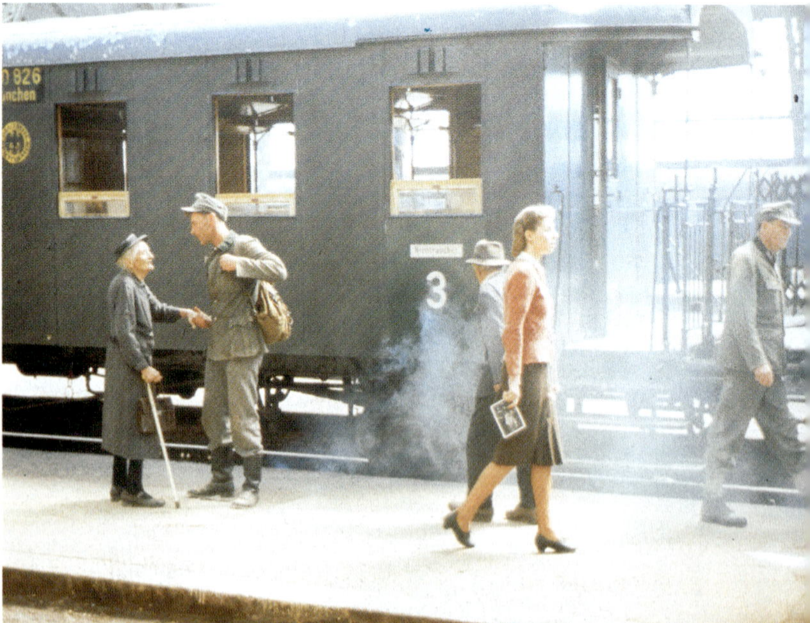
D 826
3

**Hans kehrt heim**

HANS
*Der* kommt schon
wieder.
KATI
Wieso? Kennen Sie den
Felix?
HANS
Ich kenn' Gott und die
Welt . . .

# Hans bleibt

*HANS steht im Hinter-
hof.*
HANS
Servus, die Damen.
Große Wäsche?
KATI (zu LENI)
Das ist der Herr Hans,
der wo den Felix kennt.
LENI (kneift die Augen
zusammen)
So so, der Herr Hans.
HANS
Hans Stadler ...
LENI
So so, der Herr Hans
Stadler.
*HANS streift seinen
Rucksack ab, holt wie
selbstverständlich ein
altes, schmutzstarren-
des Hemd heraus und
hält es Kati hin.*
HANS
Können Sie das noch
mitwaschen, Frau Kati?
*KATI ist so perplex,
daß sie mechanisch
nach dem Hemd greift
und es in den Wäsche-
trog steckt.*
LENI (anzüglich)
Na, dann können wir
das andere ja auch
gleich mitwaschen.
*Ohne eine Miene zu
verziehen, streift HANS
das Hemd über den
Kopf und reicht es
LENI.*

»Große Wäsche« nach
einem Fliegerangriff.
Foto: Stadtarchiv
München

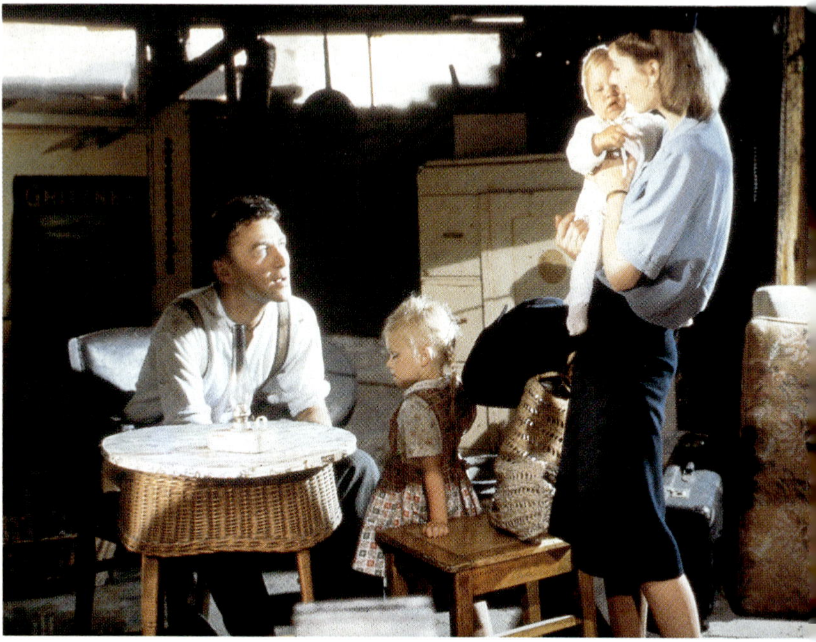

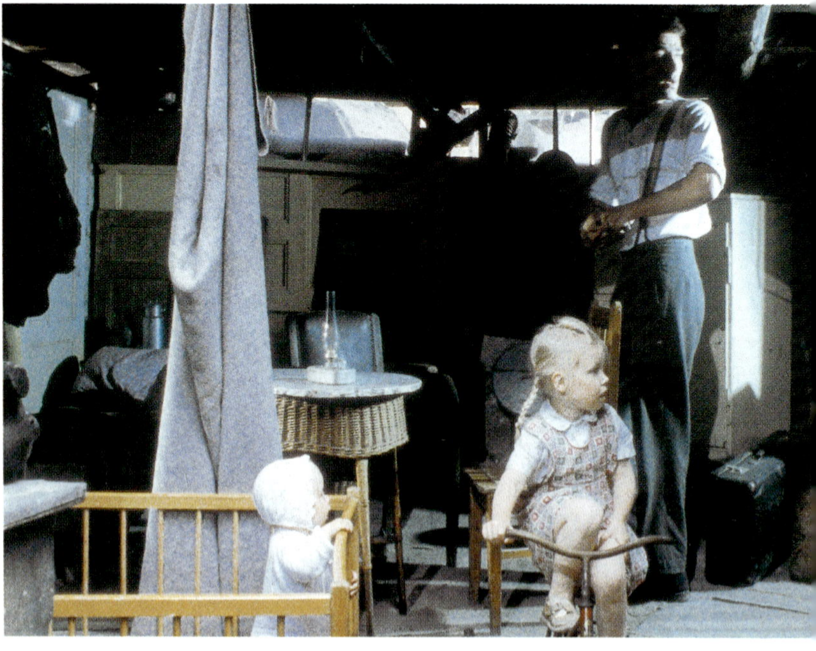

HEIMKEHRER
(Fritz Preßmar jr.)
Wo steht das
Sendlinger Tor?

*KATI und HANS mit ih-*
*ren Ofenrohren in einer*
*Hausnische.*
KATI (flüsternd)
Die wenn uns
erwischen ...
HANS (flüsternd)
Die erwischen uns scho
net. Im Krieg habens
mi net erwischt, und
jetzt erst recht net.
KATI (flüsternd)
I hab g'hört, die er-
schießen uns gleich ...

HANS
Du magst doch Kultur
und solche Sachen.
Hier. Beethoven. Am
Mittwoch. In der
Residenz . . .

*KATI und HANS unter
den Zuschauern. Wäh-
rend die Musiker spie-
len, beugt sich HANS
zu KATI.*
HANS (flüsternd)
Du, der Valentin hat
gestern 'ne Katz da-
herg'bracht.
KATI
Pssscht! Beethoven!

*HANS steht in seinem*
*Schuppen mit einer*
*alten Violine.*
*Er weiß nicht, wie man*
*das Ding halten soll,*
*versucht verschiedene*
*Stellungen.*
*Schließlich hält er sie*
*vom Kinn abgewinkelt*
*steil nach oben à la*
*Paganini und beginnt*
*fürchterlich zu kratzen.*
*Valentin sitzt mit ange-*
*spitzten Ohren daneben*
*und fängt an zu jaulen.*

**Überleben in Ruinen**

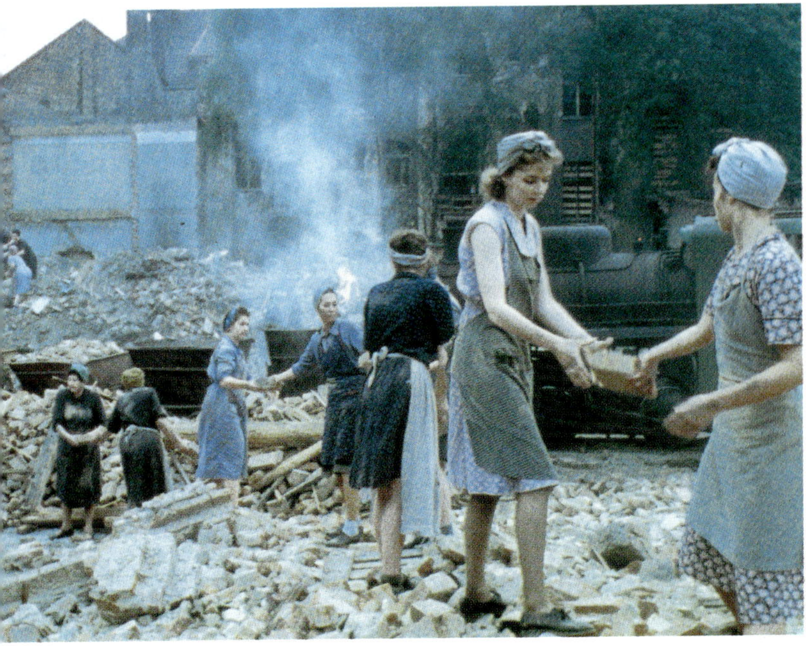

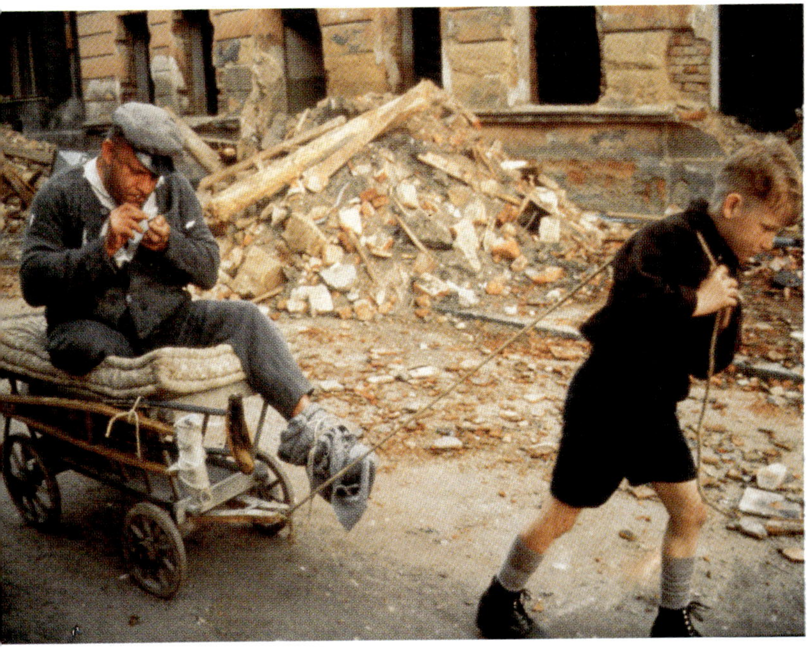

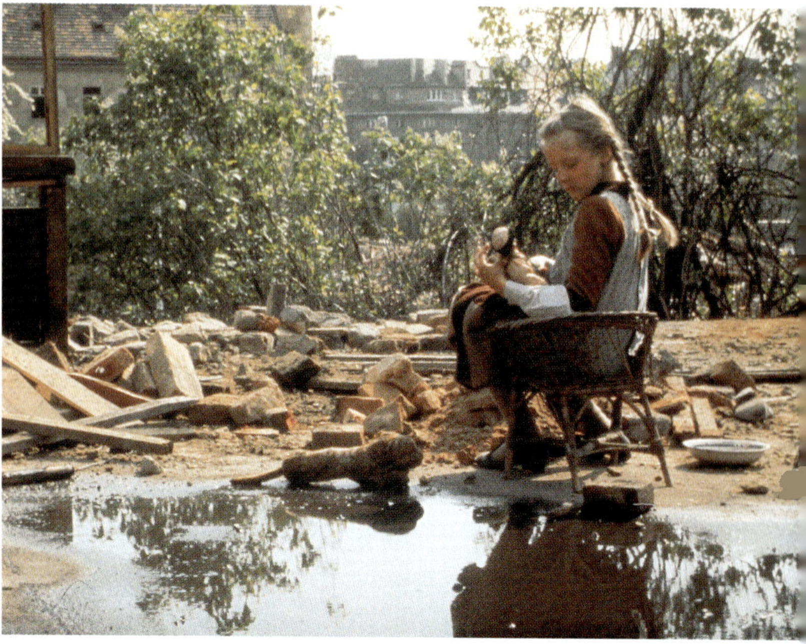

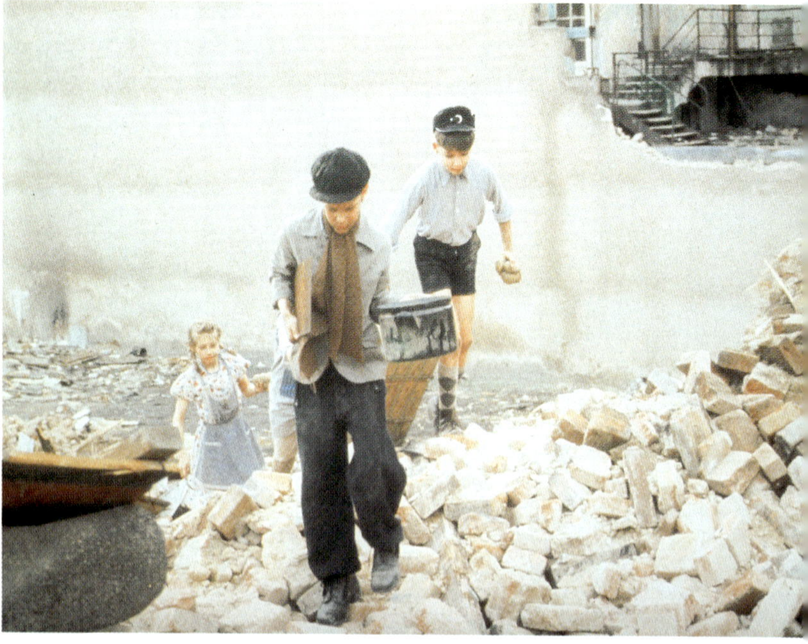

Ivana Chylková (Leni), Alex Hanany (Burli)

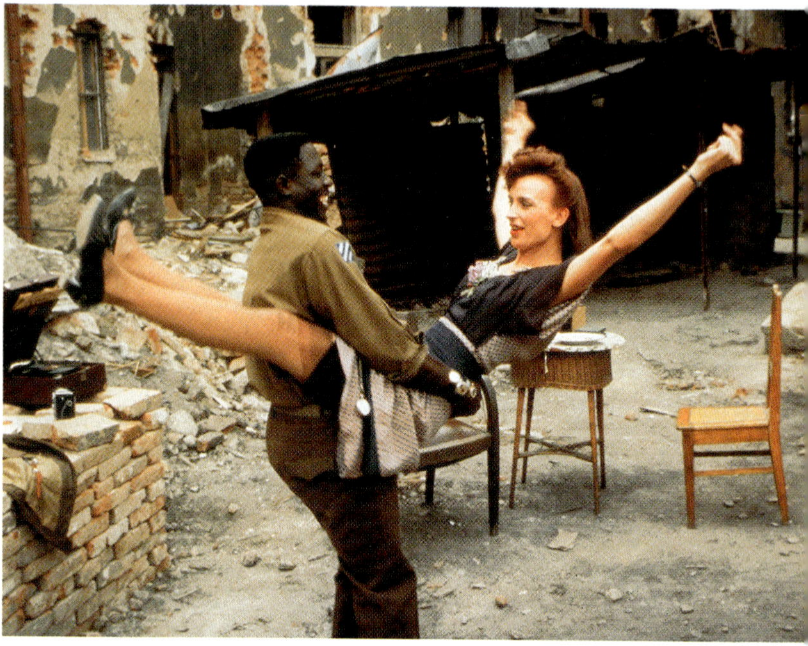

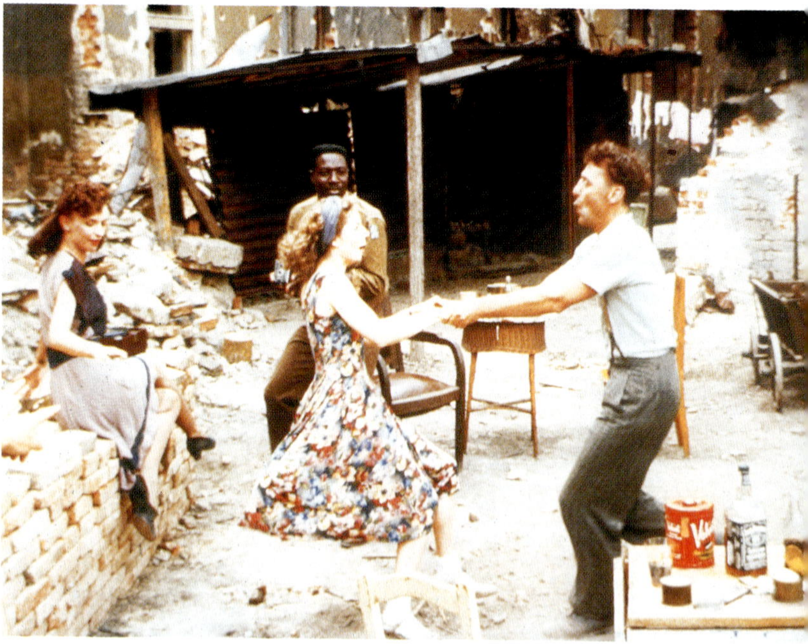

LENI

... und in dem Ami-
Club, sagt der Burli, da
kannst fürs Tanzen
Zigaretten kriegen, aber
du hast ja kein Talent
fürs Rauchen, und
Nylons und Schu-wing-
Gam und Kuoffieh
kannst kriegen, und
überhaupt der Burli
sagt, die Amerikaner
lieben uns Bayern, weil
wir die Kuckucksuhr
erfunden haben und den
König Ludwig, und
Schokolade für die
Marie kannst krie-
gen ...

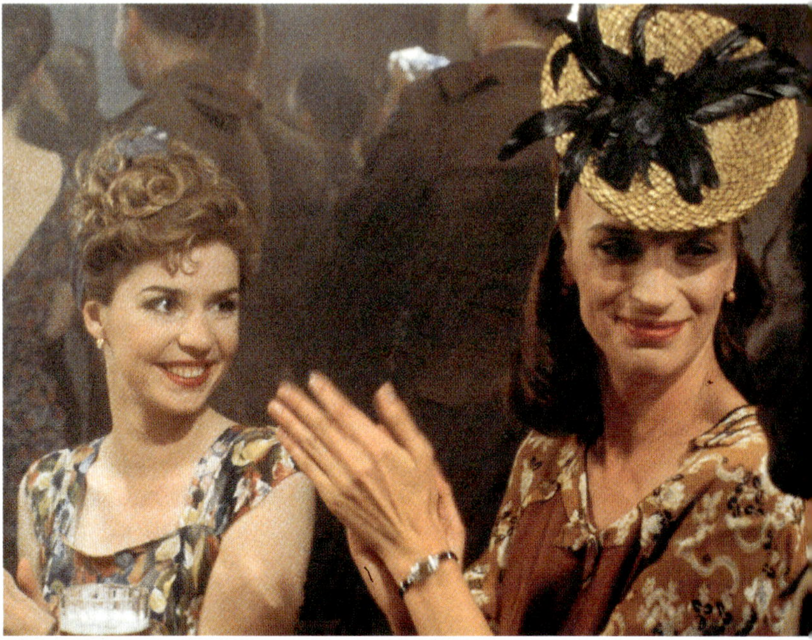

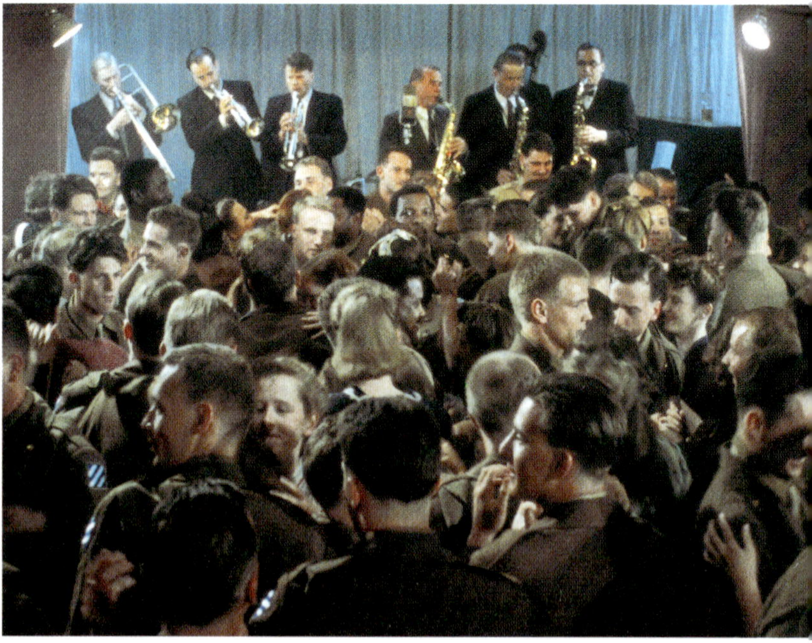

*Tumult um HANS, der
sich ein paar Meter in
den Ami-Club gekämpft
hat ...*
*... HANS drängt sich
zu KATI durch ...
HANS sagt kein Wort,
nimmt KATI am Arm,
zieht sie aus dem Club.*

KATI
Machst einen Aufstand
im Ami-Club!
Holst mich raus, als
wenn i zu dir
g'hört!...
HANS
... du! Mutter von
zwei Kindern! Der
Felix wird dich er-
schlagen!
Und *du!* Vater von gar
nix! Nichtsnutz!
*HANS holt aus, will ihr
eine knallen, hält inne,
lächelt plötzlich.*
HANS
Du hast du gesagt.
KATI
Nein, du hast du ge-
sagt!
HANS
Du aber auch!

**Die »Familie«
auf dem
Lande . . .**

Ein Holzgasauto auf
»Schuttfahrt«
Foto: Stadtarchiv
München

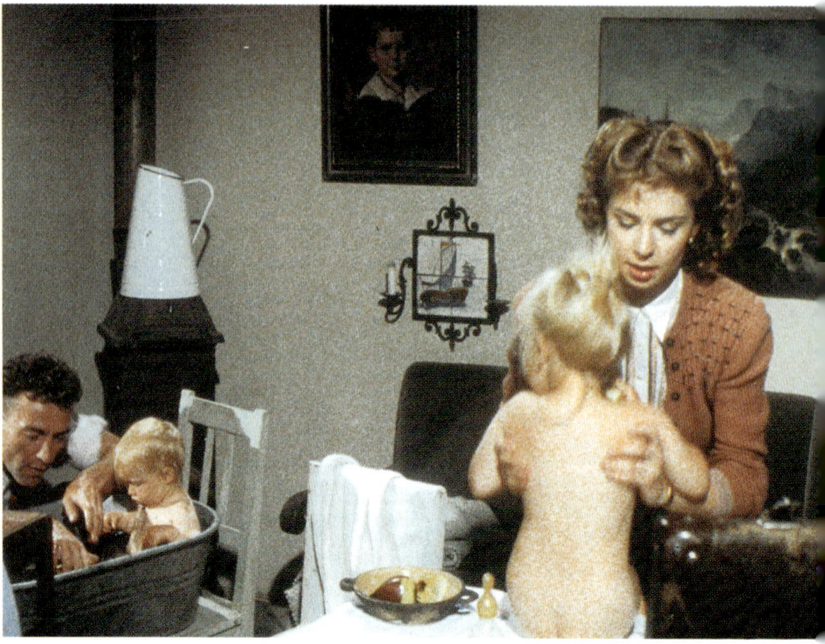

... und zu Hause

*KATI und HANS baden die Kinder in einer Zinkbadewanne im Wohn-*
*zimmer, VALENTIN sitzt neben der Wanne und bellt.*
*Hochstimmung.*
*HANS bringt einen Kessel mit heißem Wasser, schüttet es in die Wanne.*
HANS (stöhnt)
I hoff' das war der letzte, Dreckspatzen!
KATI (zu den Kindern)
Laßt ihr euch das gefall'n?
KINDER
Neeeeiiiin!
*Die Kinder bespritzen HANS mit Badewasser. KATI macht mit.*
*GROSS: KATI und HANS küssen sich, ihre Gesichter sind feucht.*
KATI
Besser als in China, oder?
HANS
Besser . . .
*In der Wohnzimmertür taucht FELIX auf.*

TOTALE (lange Einstellung):
FELIX in der Zimmertür. In der Mitte des Zimmers die Badewanne mit
den Kindern, HANS und KATI stehen daneben.
Totenstille.
HANS und KATI wie erstarrt. Die KINDER in der Zinkbadewanne mit
offenen Mündern.
FELIX läßt die Arme hängen, ballt die Fäuste.
KATI geht langsam ins benachbarte Schlafzimmer (offene Tür).
KAMERA bleibt in TOTALE noch einige Sekunden im Wohnzimmer.
SCHNITT

# Besetzung

| | |
|---|---|
| Kati Zeiler | DANA VAVROVA |
| Hans Stadler | WERNER STOCKER |
| Leni Seiffert | IVANA CHYLKOVÁ |
| | (ANDREA L'ARRONGE) |
| Felix Zeiler | HANS SCHULER |
| Frau Klawuttke | RENATE GROSSER |
| Oma | ELISABETH BERTRAM |
| Marie Zeiler | JANINA VILSMAIER |
| Theresa Zeiler | THERESA VILSMAIER |
| Dr. Bisenius | JOSEPH KEMR |
| Burli | ALEX DANIEL HANANY |
| Volker | SASCHA LÜBBECKE |
| Traudl | EDELTRAUD SPEER |
| Leo | LEO SPEER |
| Onkel Adolf | ENGELBERT FUCHSGRUBER |
| Rosi Wimmer | THEKLA MAYHOFF |
| Metzger | GEORG HACKL |
| Heimkehrer | FRITZ PRESSMAR JR. |
| Arzt | PROF. DR. ERNST RAINER |
| | WEISSENBACHER |
| Hebamme | GERTRAUD HIMMEL |
| Sänger Ami-Club | MEL CANADY |
| Musiker | WINFRIED GRABE |
| | MARTIN GRASSL |
| | BILLY GORLT |
| | WOLFGANG RAMADAN |
| | HUBERT PILSTL |
| | RAINER FABICH |
| | JAKOB SCHMIDT |
| | STEPHAN BLUM |

# Stab

| | |
|---|---|
| Buch: | MARTIN KLUGER |
| | JOSEPH VILSMAIER |
| Regie und Kamera: | JOSEPH VILSMAIER |
| Regieassistenz: | HELGA ASENBAUM |
| Musik: | NORBERT JÜRGEN SCHNEIDER |
| Schnitt: | INGRID BROSZAT |
| Architekt: | WOLFGANG HUNDHAMMER |
| | JINDŘICH GÖTZ |
| Kostüm: | UTE HOFINGER |
| Maske: | RUTH PHILIPP |
| | HEINER NIEHUES |
| | SYLVIA LEINS |
| Produktionsdurchführung | JIŘI SIROTEK |
| | EMIL SIROTEK |
| Filmgeschäftsführung | INGRID STROHMAIER |
| Produktionssekretariat | INGO GIANI |
| 2. Kamera | OTTO KIRCHHOFF |
| Kameraassistenz und Standfotos | PETER VON HALLER |
| Ton | HANS REINHARD WEISS |
| Mischung | MICHAEL KRANZ |
| Aufnahmeleitung | FILIP HERING |
| Schnittassistenz | CHRISTIAN RISS |
| | UTE KRÖNIGER |
| Außenrequisite | FRITZ GOLDMANN |
| Innenrequisite | SABINE LOCHMÜLLER |
| Spezialeffekte | KARL BAUMGARTNER |
| | UDA KÖTTING |
| Trick | FUTUR EFFECTS BERLIN |
| Garderobe | SABINE SCHMITT |
| Continuity | ALEXANDRA MERTEN |

Oberbeleuchter ——————— EDUARD SALLER

Bühnenmeister ——————— KARL WILLIM

Baubühne ————————— JOSEF JACOB

Synchron-Regie ——————— HANNA VILSMAIER

Synchron-Schnitt ——————— GESINE MOSER

Synchron-Aufnahmeleitung ————— KARIN HOPPE

Synchron-Ton ———————— PETER FUCHS

Synchron-Geräusche —————— JÖRN POETZL

MEL KUTBAY

Synchron-Bearbeitung ————— SOLID SOUND

MATTHIAS LEMPERT

ANDREAS BIEGLER

Fachberatung ——————— ADALBERT WEINZIERL

Rechtsberatung —— MARGARETE DEISEROTH-GORES

Musikberatung und —————— ROLF MOSER

-koordination ———————— BERND STRASSER

Musikverlag ————————— BAVARIASONOR

Soundtrack-Album erschienen bei —— BMG Ariola München

Original Filmmusik gespielt von ——— den Mitgliedern der

Münchner Philharmoniker

Dirigent ——————— NORBERT JÜRGEN SCHNEIDER

Aufgenommen im Tonstudio Meilhaus

Musiktitel —— »Turn Me Loose« Lionel Hampton
(Grey/Grey)
Mit freundlicher Genehmigung von Tangerine
Music Corp./Rondor Musikverlag/BMG
Ariola Hamburg
»Hey! Ba-Ba-Re-Bop« Lionel Hampton
(Hampton/Hamer)
Mit freundlicher Genehmigung von Leeds
Music/BMG Ariola Hamburg
»Wir machen Musik« Ilse Werner
(Igelhoff/Steimel/Käutner/von Pinelli)
Mit freundlicher Genehmigung von Wiener
Bohème Verlag/BMG Ariola München

»Musik, Musik, Musik« Marika Rökk
(Kreuder/Beckmann)
Mit freundlicher Genehmigung von Ufaton
Verlagsgesellschaft/BMG Ariola München
»Ich bin von Kopf bis Fuß auf Liebe einge-
stellt« Marlene Dietrich (Hollaender)
Mit freundlicher Genehmigung von Ufaton
Verlagsgesellschaft/BMG Ariola München
Tanzclub-Nummern von Billy Gorlt:
»After All«
»Mayby Tonight«
»Marabou«
Tanzclub-Nummern von Norbert J. Schneider:
»Foxy Mood«
»It's hard to say: Auf Wiedersehn«
»Larghetto« aus der Zweiten Symphonie von
Ludwig van Beethoven
(für Klaviersextett arr. von
Norbert J. Schneider)

Wir danken dem Auto+Technik-Museum Sinsheim
            der Sturm Handels-GmbH
            der Bevölkerung in München und
            des Landkreises Rottal/Inn
Der Film wurde gedreht auf Agfa-Material
Kopierwerk: Bavaria Kopierwerk GmbH
Der Film ist entstanden mit Fördergeldern der Bayerischen
Filmförderung und der Filmförderungsanstalt Berlin.
Eine Produktion der Perathon Film- und Fernseh GmbH
Dolby Stereo LOGO
Der Roman zum Film »Rama dama« ist im Verlag Ullstein
Langen Müller erschienen.

**Die Original-Aufnahmen** aus dem Film »Rama dama« plus Extra-LP/MC/CD mit »Schlagern der Stunde Null« sind erschienen auf Doppel-Langspielplatte, Doppel-MusiCassette und Doppel-Compact Disc bei BMG Ariola, München, und sind in allen Schallplattengeschäften erhältlich.